Matthias Blazek

Unter dem Hakenkreuz:
Die deutschen Feuerwehren 1933-1945

*„Unsere Beziehungen zu
den anderen Wehrverbänden,
also der SA., SS. und Stahlhelm,
müssen in der ganzen Provinz
die denkbar besten sein."*

Provinzialfeuerwehrführer Walter Schnell
im Führer-Befehl Nr. 1 vom 12. Februar 1934

Matthias Blazek

UNTER DEM HAKENKREUZ:

DIE DEUTSCHEN FEUERWEHREN 1933-1945

ibidem-Verlag
Stuttgart

Bibliografische Information der Deutschen Nationalbibliothek
Die Deutsche Nationalbibliothek verzeichnet diese Publikation in der Deutschen Nationalbibliografie; detaillierte bibliografische Daten sind im Internet über http://dnb.d-nb.de abrufbar.

Bibliographic information published by the Deutsche Nationalbibliothek
Die Deutsche Nationalbibliothek lists this publication in the Deutsche Nationalbibliografie; detailed bibliographic data are available in the Internet at http://dnb.d-nb.de.

Umschlaggestaltung, Bildbearbeitung und Satz: Matthias Blazek

Lektorat: Frank-Oliver Stantze

Abbildung auf dem Umschlag: Feuerlöschpolizei auf dem Gelände der Feuerwehrschule zu Celle (undatiert). Foto: Niedersächsische Landesfeuerwehrschule Celle.

Die Angaben über Geschehnisse in den einzelnen Ortswehren stammen, soweit nicht anders angegeben, aus den durch den Autor verfassten Feuerwehrchroniken.

∞
Gedruckt auf alterungsbeständigem, säurefreien Papier
Printed on acid-free paper

ISBN-10: 3-89821-997-6
ISBN-13: 978-3-89821-997-6
Zweite, überarbeitete Auflage

© *ibidem*-Verlag
Stuttgart 2017

Alle Rechte vorbehalten

Das Werk einschließlich aller seiner Teile ist urheberrechtlich geschützt. Jede Verwertung außerhalb der engen Grenzen des Urheberrechtsgesetzes ist ohne Zustimmung des Verlages unzulässig und strafbar. Dies gilt insbesondere für Vervielfältigungen, Übersetzungen, Mikroverfilmungen und elektronische Speicherformen sowie die Einspeicherung und Verarbeitung in elektronischen Systemen.

All rights reserved. No part of this publication may be reproduced, stored in or introduced into a retrieval system, or transmitted, in any form, or by any means (electronic, mechanical, photocopying, recording or otherwise) without the prior written permission of the publisher. Any person who does any unauthorized act in relation to this publication may be liable to criminal prosecution and civil claims for damages.

Printed in Germany

Geleitwort

Die Feuerwehren in Deutschland entstanden aus dem Gedanken der Nächstenliebe. Einander zu helfen, in bürgerschaftlichem, genossenschaftlichem Miteinander, war der Grundtenor, aus dem heraus viele Freiwillige Feuerwehren gegründet wurden. Ihr Einsatz geschah ohne politischen Hintergedanken, ohne Ansehen der Hilfe suchenden Person.

In der Zeit des Dritten Reiches wurde dieses System der Helfenden Hände instrumentalisiert. Feuerwehrangehörige wurden politisiert, ihre Hilfe gleichgeschaltet. Die Feuerwehr muss sich mit dieser zutiefst unmenschlichen Episode ihrer Vergangenheit kritisch auseinander setzen. Dies ist umso wichtiger, als eine klare Position gegen die Menschen verachtende Ideologie des Nationalsozialismus bezogen werden muss – auch, um sich aktuellen Strömungen innerhalb der Gesellschaft deutlich entgegen zu stellen.

Nur wer informiert ist, kann informierte Entscheidungen treffen. Daher kooperiert der Deutsche Feuerwehrverband mit staatlichen Stellen, um unter anderem über die Jugendorganisation der Deutschen Jugendfeuerwehr Aufklärungsarbeit zu betreiben. Bücher wie das hier vorliegende unterstützen diese Initiativen durch einen unverschleierten Blick auf die Geschichte des deutschen Feuerwehrwesens.

Hans-Peter Kröger
Präsident
Deutscher Feuerwehrverband

Vorwort

Mit der Machtergreifung der Nationalsozialisten startete die Gleichschaltung der Behörden und Einrichtungen, das heißt, die individuelle Persönlichkeit wurde eingeschränkt beziehungsweise ging ganz verloren. Ein erster Schritt, die Feuerwehren einzugliedern, war das preußische Feuerlöschgesetz von 1933. Die Feuerwehren unterstanden nun nicht mehr der gemeindlichen Aufsicht, sondern den Polizeiaufsichtsbehörden.

In den folgenden Jahren wurde das Gesetz auf das gesamte Reich übertragen. Demokratisch denkende Führungskräfte wurden sukzessive gegen Parteitreue „ausgetauscht". Im Volksmund prägte sich bald der Begriff „Feuerlöschpolizei" ein, und die deutsche Berufsfeuerwehr ging 1938 geschlossen in die Feuerschutzpolizei über. Nach außen zeigte sich die Veränderung durch neue Uniformen und grüne Löschfahrzeuge.

Ziel dieser Ausarbeitung soll sein, die bis heute wohl schwerste Zeit für die freiwilligen Feuerwehren Deutschlands zu durchleuchten.

Der Leser erfährt, dass für die jüdischen Mitbürger kein Platz mehr war unter den Freiwilligen der Feuerwehren. Einheitliche Satzungen bildeten die Rechtsgrundlage, die keine Ausnahmen mehr zuließen. Im Laufe der nationalsozialistischen Zeit wurde der Dienst der freiwilligen Feuerwehrleute mehr und mehr für Ordnungsdienste missbraucht. Der Gipfel war die Ernennung der Kameraden zu Hilfspolizeibeamten.

Gegen Ende des Zweiten Weltkriegs wurden die freiwilligen Feuerwehren Deutschlands dem SS-Strafgesetz von Heinrich Himmler unterstellt.

Einige Beispiele, insbesondere aus dem norddeutschen Raum, sollen den plötzlichen Wandel im Dienste der Freiwilligkeit und die darauf folgenden Reaktionen veranschaulichen. Auch die großen Bombardements, denen Deutschland ab 1940 ausgesetzt gewesen ist, werden angesprochen, ebenso der Einsatz der Feuerschutzpolizei-Regimenter im Ausland.

Bewusst hat sich der Autor zur Aufgabe gemacht, eine Unterteilung weniger nach Themenfeldern als nach chronologisch aufgebauten Zeitabschnitten vorzunehmen.

Es gibt, und das sei am Ende deutlich festgestellt, keinen Grund, ein Blatt vor den Mund zu nehmen.

Der Verfasser

Gliederung

I	Geleitwort	5
II	Vorwort	6
III	Gliederung	7
IV	Ein Blick zurück auf das Entstehen einer Tradition	9
V	Stichwort: Gleichschaltung	11
VI	Unter dem Hakenkreuz	13
1)	1933-1939 – Ungewohnte Direktiven	13
B	Ein schicksalhafter Tag: der 30. Januar 1933	15
C	Der Reichstagsbrand am 27. Februar 1933	67
D	Rasante Entwicklungen in Schaumburg-Lippe	71
E	Die neue Bedeutung der Freiwilligen Feuerwehren	73
F	Grundlegende Neuerung des Feuerlöschwesens	74
G	Schwarzes Tuch: Ausschluss des Ehrenbrandmeisters	76
H	Die Tagungen der A.- und Z-Stelle in den Jahren 1935 und 1936	79
I	Gleichschaltung der Feuerwehren in Österreich	85
2)	1939-1945 – Herangezogen zu Kriegsdiensten	87
	* Flaggen auf den Kotflügeln der Kommandofahrzeuge	114
3)	Die HJ-Feuerwehr	115
V	Anlagen	127
	a. Gesetz über das Feuerlöschwesen vom 15.12.1933	127
	b. Reichsfeuerlöschgesetz vom 23.11.1938	132
	c. Erlass über die Einführung der Hitlerjugend im Feuerlöschdienst	135
	d. Uniformierung der Berufs- und der freiwilligen Feuerwehrmänner	137
	e. Die Feuerwehr-Regimenter im zweiten Weltkrieg	139
	f. Einsätze der Feuerwehrbereitschaft z.b.V.	143
VI	Literatur	147
VII	Im Buch verwendete Abkürzungen	148
VIII	Der Verfasser	149
IX	Orts- und Personenregister	150
X	Literaturhinweise	151

Gesetz über das Feuerlöschwesen.
Vom 23. November 1938.

Die wachsende Bedeutung des Feuerlöschwesens vor allem für den Luftschutz erfordert, daß schon seine friedensmäßige Organisation hierauf abgestellt wird. Hierzu ist nötig die Schaffung einer straff organisierten, vom Führerprinzip geleiteten, reichseinheitlich gestalteten, von geschulten Kräften geführten Polizeitruppe (Hilfspolizeitruppe) unter staatlicher Aufsicht. Zur Erreichung dieses Zieles hat die Reichsregierung das folgende Gesetz beschlossen, das hiermit verkündet wird:

I. Abschnitt
Die Feuerschutzpolizei

§ 1

(1) Der Reichsminister des Innern bestimmt, welche Gemeinden eine Feuerschutzpolizei einrichten müssen. Er bestimmt ferner, inwieweit die bisherigen Berufsfeuerwehren in die Feuerschutzpolizei übergeleitet werden.

(2) Die Beamten der Feuerschutzpolizei sind Polizeivollzugsbeamte. Für sie gelten die Vorschriften der §§ 8 bis 12, 14, 19 bis 25, 26 Abs. 2, § 27 sowie für die Polizeioffiziere der Feuerschutzpolizei auch die Vorschriften des § 7 Abs. 2 Satz 1 des Deutschen Polizeibeamtengesetzes vom 24. Juni 1937 (Reichsgesetzbl. I S. 653) sinngemäß.

(3) Die Altersgrenze (§ 68 des Deutschen Beamtengesetzes vom 26. Januar 1937 — Reichsgesetzbl. I S. 39) wird auf den Tag festgesetzt, an dem der Beamte der Feuerschutzpolizei das 60. Lebensjahr vollendet.

(4) Im übrigen gelten für die Beamten der Feuerschutzpolizei die allgemeinen beamtenrechtlichen Vorschriften.

II. Abschnitt
Die Feuerwehren

§ 2

Feuerwehren sind
a) die freiwilligen Feuerwehren,
b) die Pflichtfeuerwehren,
c) die Werkfeuerwehren.

§ 3

(1) Jede Gemeinde, in der eine Feuerschutzpolizei nicht besteht, hat eine leistungsfähige und den örtlichen Verhältnissen entsprechend ausgerüstete freiwillige Feuerwehr oder Pflichtfeuerwehr oder beide Feuerwehren nebeneinander aufzustellen.

(2) Durch die Aufsichtsbehörde können mehrere Gemeinden zu einem Feuerlöschverband zusammengeschlossen werden.

§ 4

(1) Die Aufsichtsbehörde bestimmt, welche Gemeinden neben der Feuerschutzpolizei eine freiwillige Feuerwehr oder Pflichtfeuerwehr oder beide Feuerwehren aufstellen müssen.

(2) Bestehen in einer Gemeinde neben der Feuerwehr oder freiwillige Feuerwehr oder eine Pflichtfeuerwehr oder beide Feuerwehren, so bilden sie unbeschadet ihrer verwaltungsmäßigen Selbständigkeit eine Einheit. Der Führer der Einheit ist der Leiter der Feuerschutzpolizei.

§ 5

(1) Die Beschaffung und Unterhaltung der für die freiwilligen Feuerwehren und Pflichtfeuerwehren erforderlichen Löschgeräte, Bekleidung, Ausrüstung, Alarmeinrichtungen, Wasserversorgungsanlagen und Gerätehäuser ist Aufgabe der Gemeinden.

(2) Ferner haben die Gemeinden die durch Teilnahme an Lehrgängen entstehenden Kosten zu tragen.

(3) Den Mitgliedern der Feuerwehren ist der Lohnausfall bei Brand- und Katastrophenbekämpfung zu erstatten, soweit ihnen die unentgeltliche Hilfeleistung billigerweise nicht zugemutet werden kann. Die nähere Regelung trifft der Reichsminister des Innern im Einvernehmen mit den beteiligten Reichsministern. Er kann dabei bestimmen, ob und inwieweit Gemeinden und andere Rechtsträger zum Ausgleich des Lohnausfalls bei Brand- und Katastrophenbekämpfung heranzuziehen sind.

(4) Der Reichsminister des Innern bestimmt ferner im Einvernehmen mit dem Reichsminister der Finanzen, inwieweit auch Gemeindeverbände und Länder an den Kosten des Feuerlöschwesens zu beteiligen sind.

(5) Über die Notwendigkeit von Aufwendungen der Gemeinden für die Feuerwehren entscheidet die Aufsichtsbehörde.

§ 6

(1) Die von den freiwilligen Feuerwehren gebildeten Vereine und Verbände werden aufgelöst. Der Reichsminister des Innern bestimmt den Zeitpunkt der Auflösung und regelt die Rechtsnachfolge.

(2) An die Stelle der Vereine tritt eine nach Löscheinheiten gegliederte Hilfspolizeitruppe, deren Organisation der Reichsminister des Innern bestimmt. Der freiwillige Dienst in dieser Hilfspolizeitruppe ist ein ehrenvoller, opferbereiter Einsatz für die deutsche Volksgemeinschaft.

Das Reichsfeuerlöschgesetz vom Jahre 1938. Repro: Blazek

*Freiwillige Feuerwehren gibt es in Deutschland bereits seit 1841 /
Carl Metz gründete 1842 in Heidelberg Spezialfabrik*

Ein Blick zurück auf das Entstehen einer Tradition

Erst Mitte des 19. Jahrhunderts entstanden die freiwilligen Feuerwehren, wie wir sie heute kennen. Im Bezirk der Landdrostei Lüneburg war die Ausbreitung der freiwilligen Feuerwehren nach einem statistischen Bericht des Niedersächsischen Feuerwehrverbandes am weitesten fortgeschritten.

Männer wie Friedrich Ludwig Jahn (1778-1852) begründeten Anfang des 19. Jahrhunderts die deutsche Turnbewegung. „Turnvater" Jahn eröffnete im Jahre 1811 in der Hasenheide in Berlin seinen ersten Turnplatz. Die Ziele der Turnbewegung umfassten neben der körperlichen auch die sittliche „Ertüchtigung" der deutschen Jugend. Die Turnerschaft hatte die idealistischen Ziele Selbstzucht, Eintreten für das Gemeinwohl und Unterordnung unter eine gemeinsame Sache auf ihre Fahnen geschrieben.

Am 17. Juli 1841 wurde das Feuerlösch- und Rettungskorps Meißen als erste freiwillige Feuerwehr Deutschlands gegründet,[1] am 28. Juli 1846 folgte das „Pompier-Corps" von Durlach und ebenfalls 1846 in Leipzig die freiwillige Turnerfeuerwehr. Als sich die Feuerwehren immer mehr auf ihre eigenen Füße stellten, da erschien auch – im Jahre 1860 – das erste Fachblatt: „Die Deutsche Feuerwehrzeitung, technische Blätter für die deutschen Feuerwehren."

Der Spritzenfabrikant Carl Metz (1818-1877) war der Turnerschaft eng verbunden und schätzte ihre Ideale. Er gründete 1842 in Heidelberg die erste Spezialfabrik zur Herstellung von Lösch- und Rettungsgeräten. Anfang Mai 1846 lieferte er eine der seit 1843 bekannt gewordenen Stadtspritzen nach Durlach, wo wenig später das „Pompiers-Corps" gegründet wurde. Überhaupt brachte sich Metz tatkräftig in die Entwicklung des süddeutschen Feuerwehrwesens ein.[2]

Insbesondere waren es die Turnvereine, die geschlossen bei Bränden in Erscheinung traten. Diese Turnerfeuerwehren arbeiteten meist parallel zu den weiter bestehenden Pflichtfeuerwehren und unterstützten diese bei ihren Einsätzen. Man kann hier also noch nicht von Freiwilligen Feuerwehren im heutigen Sinn sprechen. Die eigentlichen Löscharbeiten, die Löschwasserversorgung und die Einsatzleitung, lagen weiterhin in den Händen der Pflichtfeuerwehren.

Infolge der Popularisierung des Turnsports fand 1863 in Leipzig das erste gemeinsame deutsche Turnfest statt. Die Feuerwehrübung, die die Leipziger Wehrmannschaft den anwesenden Turnerriegen vorführte, war letztendlich Anlass zur Gründung zahlreicher gut organisierter Feuerwehren in deutschen Lan-

---

[1] Der Präsident des Deutschen Feuerwehrverbandes Hinrich Struve hat der Meißner Wehr zum 150-jährigen Jubiläum ihren Status als älteste Feuerwehr Deutschlands attestiert.
[2] Seyfried, Manfred; Emmerich, Rainer, Vom Pompierkorps zur modernen Feuerwehr: 140 Jahre Freiwillige Feuerwehr Durlach 1946-1986, Jubiläumsveranstaltung vom 22.-24. August 1986, Durlach 1986, S. 19 f.

den, denn die heimkehrenden Turnerriegen strebten allerorts danach, das Gesehene zu institutionalisieren.

Es war der Gedanke, sich in Not und Gefahrenzeiten, welche durch Brände, Naturereignisse oder durch Katastrophen ausgelöst wurden, gegenseitig zu helfen. Infolge der Industrialisierung und des Anwachsens der Städte bildeten sich schließlich Mitte des 19. Jahrhunderts die ersten selbstständigen freiwilligen Feuerwehren als Vereine des bürgerlichen Rechts.

Die älteste freiwillige Feuerwehr des Niedersächsischen Feuerwehr-Verbandes ist Hannover. Sie wurde 1850 als Turner-Rettungsschar gegründet. Es folgten Hildesheim (1853), Goslar (1855), Göttingen (1856), Stade, Harburg (1860), Leer, Münden (1861), Oldenburg (1862), Osterode am Harz, Schwerin, Winsen (Luhe) (1863), Celle, Lüneburg, Hameln (1864), Rinteln, Wittingen (1865), Bardowick, Bergedorf, Königslutter, Lütjenburg, Neu Brandenburg, Ratzeburg, Schleswig, Uelzen (1866), Lüchow (1867), Bückeburg, Güstrow, Neustadt i/Holstein, Soltau, Teterow (1868), Bevensen, Heide, Perleberg, Preetz, Rendsburg, Stafenhagen, Tondern, Verden, Waren (1869), Bützow, Klence, Warin (1870), Neumünster, Wandsbek, Wittorf (1871), Itzehoe, Kellinghusen, Minden, Nienburg, Bodenteich (1872) und Flensburg (1873).

Am 2. September 1855 gründeten in Stuttgart anlässlich des 2. Deutschen Feuerwehrtages die Delegierten aus 29 Feuerwehren den „Verein deutscher Feuerwehrmänner" als eine der ersten gebietsübergreifenden Organisationen auf diesem Gebiet. In den „Besprechungen" ging es um die Einführung eines einheitlichen Normalgewindes für Feuerwehrschläuche, die Abschaffung des Wenderohres an Feuerspritzen und um die Reorganisation ländlicher Feuerlöschanstalten.[3]

---

[3] NN, Die Deutschen Feuerwehrtage – Ein Rückblick –, Aufsatz in: 112 – Magazin der Feuerwehr 6/2000, S. 394 ff., Frank, Paul Arthur, Das Deutsche Feuerwehrbuch, Leipzig 1929 (Reprint-Sonderausgabe 1992), S. 19 ff., lies auch: *(-zö-)*, Ein Blick zurück: 1862 – der IV. Deutsche Feuerwehrtag in Augsburg, Aufsatz in: Brandschutz – Deutsche Feuerwehrzeitung 5/2000, S. 508.

*Von Reichsjustizminister Franz Gürtner geprägter Begriff /
Äußeres Symbol war das Hakenkreuz*

Stichwort: Gleichschaltung

Unmittelbar nach ihrer Machtübernahme begann die Führung der Nationalsozialistischen Deutschen Arbeiterpartei (NSDAP) mit der Ausschaltung jener Organisationen, die sich ihrem Totalitätsanspruch zu widersetzen drohten. Eine Anpassung aller staatlichen und gesellschaftlichen Institutionen an die politisch-ideologischen Ziele der NSDAP sollte die pluralistische Vielfalt der Weimarer Republik ersetzen. Beim Durchdringen des Staats, der Justiz und der Gesellschaft sowie beim Etablieren ihres Herrschaftssystems bedienten sich die Nationalsozialisten vor allem der Gleichschaltung.

Der von Reichsjustizminister Franz Gürtner[4] geprägte Begriff wurde erstmals publik in zwei gleich lautenden Gesetzen über die Gleichschaltung der Länder im März und April 1933. Unter dem Vorwand einer Vereinheitlichung des Reichs erzwang die Reichsregierung unter Adolf Hitler die Einsetzung nationalsozialistischer Landesregierungen.[5] Bis in die untersten Verwaltungsebenen der Gemeinden reichten die Auswirkungen des „Gesetzes zur Wiederherstellung des Berufsbeamtentums" vom 7. April 1933. Unter Missachtung aller verfassungsrechtlichen Bestimmungen erlaubte es die Entlassung von regimekritischen Beamten. Neben Demokraten und Liberalen waren es vor allem Staatsbedienstete jüdischen Glaubens, die durch den erstmals in dem Gesetz eingefügten Arierparagraphen ihre Stellungen verloren. Den Arierparagraphen übernahmen bereitwillig nahezu sämtliche Organisationen bis hinunter zu kleinsten Sport- oder Gesangvereinen, ohne dass es dabei eines staatlichen Zwangs bedurft hätte.

Eid der Reichswehr

Die Gleichschaltung beinhaltete administrative Maßnahmen ebenso wie brutalen Straßenterror. Aufgrund der „Reichstagsbrandverordnung" hatte das NS-Regime bei der Verfolgung von Oppositionellen freie Hand. Verschleppt und inhaftiert wurden vor allem Funktionäre der Kommunistischen Partei Deutschlands (KPD) und der Sozialdemokratischen Partei Deutschlands (SPD). Vor der erdrückenden Übermacht und dem Terror der NSDAP resignierend, lösten sich sämtliche Par-

---

[4] Franz Gürtner, * 26. August 1881 in Regensburg, † 29. Januar 1941 in Berlin, war Reichsjustizminister von 1932 bis zu seinem Tod.
[5] NSDAP-geführte Landesregierungen waren bereits bei den Landtagswahlen im Frühjahr und Sommer 1932 in vier Ländern erstmals ins Amt gekommen. Binnen kurzer Zeit wurden damals nationalsozialistische Ministerpräsidenten in Anhalt, Oldenburg, Mecklenburg-Schwerin und Thüringen vereidigt. Bei den Reichstagswahlen am 31. Juli 1932 wurde die Hitler-Partei mit rund 37 Prozent der Stimmen erstmals stärkste Fraktion und blieb es trotz Verlusten auch bei den zweiten Reichstagswahlen jenes Jahres im November 1932. Als nationalsozialistischer „Probelauf" gilt für NS-Forscher vor allem Thüringen, wo sich die nach dem gescheiterten Hitler-Putsch von 1923 zunächst verbotene NSDAP anders als im übrigen Deutschland schon sehr früh wieder frei betätigen konnte (vgl. http://www.focus.de/wissen/bildung/Geschichte/thueringen_aid_65947.html).

teien bis Anfang Juli 1933 selbst auf, nachdem die SPD am 22. Juni verboten worden war. Die Errichtung des Einparteienstaats sowie das Verschmelzen der Ämter des Regierungschefs und Reichspräsidenten nach dem Tod Paul von Hindenburgs am 2. August 1934 in der Person Hitlers vollendeten die „Einheit von Partei und Staat". Mit sofortiger Wirkung leistete die Reichswehr von nun an ihren militärischen Eid auf den „Führer und Reichskanzler" Hitler.

Im Sommer 1934 war der Gleichschaltungsprozess durch Übernahme der wichtigsten Verbände in die Organisationsstruktur der NSDAP weit fortgeschritten. Die erzwungene und freiwillige Anpassung ermöglichte der Partei eine nahezu vollständige Kontrolle aller gesellschaftlichen Bereiche. Gleichgeschaltet waren neben Vereinen und Organisationen auch Presse, Film und Rundfunk, die als Mittel zur Beeinflussung eingesetzt wurden. Lediglich in den beiden großen Kirchen stieß die rücksichtslose Gleichschaltung mit Beginn des „Kirchenkampfs" zum Teil auf ein erhebliches Widerstandspotential.

Äußeres Symbol nationalsozialistischer Gleichschaltung war das Hakenkreuz. Das Parteiabzeichen der NSDAP war nach dem 30. Januar 1933 aus dem Straßenbild und Alltagsleben der Deutschen nicht wegzudenken. 1935 wurde es zum alleinigen Hoheitszeichen des Deutschen Reichs erklärt. Als Mittel der Gleichschaltung erfolgte zudem eine Ausdehnung der Uniformierung, die alle Altersgruppen erfasste. Uniformiert und militärisch organisiert war auch die Hitler-Jugend, die nach Einführung der Zwangsmitgliedschaft 1936 eine ideologische Schulung und die Einbindung sämtlicher Heranwachsender in den Staat garantieren sollte.[6]

Was „Gleichschaltung" für die Feuerwehren bedeutete, war beispielsweise:

* Austausch der Führer bzw. Selbstanpassung durch Ergebenheitsadresse
* Ausschluss von Juden, Sozialdemokraten und anderen Angehörigen der „Systemparteien"
* demonstrative Teilnahme an vaterländischen und NS-Kundgebungen
* Militarisierung des Übungsdienstes („Fußdienst" = Exerzieren)
* Einführung militärähnlicher Ausrüstungstücke (Stahlhelm statt Lederhelm, Polizei-Hoheitsabzeichen ab 1936 etc.)
* Übernahme des offiziösen Begriffs „Feuerlöschpolizei" durch Berufsfeuerwehren und zum Teil sogar größere freiwillige Feuerwehren, um bei den Machthabern angesehener zu sein
* zwangsweise Vereinsform für freiwillige Feuerwehren und Verbände in Preußen und anderen Ländern, allerdings unter Beugung des Vereinsrechts mit nach dem „Führerprinzip" berufenen Vorständen

Andreas Linhardt vertritt die Ansicht, dass die Gleichschaltungsphase bei den Feuerwehren bereits 1936, spätestens jedoch mit Einführung des Reichsfeuerlöschgesetzes 1938, endete.

---

[6] http://www.dhm.de/lemo/html/nazi/innenpolitik/gleichschaltung/index.html.

Unter dem Hakenkreuz

1) **1933-1939 – Ungewohnte Direktiven**

*NSDAP wollte sich das paramilitärische Potenzial
der freiwilligen Feuerwehren nicht entgehen lassen*

Ein schicksalhafter Tag: der 30. Januar 1933

Die im Herbst 1929 einsetzende Weltwirtschaftskrise, die Deutschland besonders hart traf, verschärfte die sozialen und politischen Spannungen in der Weimarer Republik. Die Massenarbeitslosigkeit und die wirtschaftlichen Depression führten zu einem schnellen Anwachsen der rechtsextremen Kräfte. Im Oktober 1931 schlossen sich die NSDAP, die Deutschnationale Volkspartei (DNVP) und der Stahlhelmbund in der „Hamburger Front" zum Kampf gegen die Regierung Brüning und die Republik zusammen. Durch geschicktes Lavieren zwischen den Gruppen gelang es dem Antidemokraten Adolf Hitler schließlich, zur politischen Schlüsselfigur zu werden. Zwar unterlag er dem Reichspräsidenten Paul von Hindenburg in den Reichspräsidentenwahlen 1932, aber die NSDAP stieg in diesem Jahr endgültig zur stärksten Partei auf. Damit war die Übertragung der Macht an Hitler eigentlich nur noch Formsache gewesen.

Am 30. Januar 1933 spielte sich an der Wilhelmstraße zu Berlin im Palais des Reichspräsidenten ein Vorgang ab, den offenbar keiner der unmittelbar Beteiligten, vom Hauptdarsteller abgesehen, besonders ernst nahm. Paul von Hindenburg ernannte – nach anfänglichem Zögern – am späten Vormittag und Führer der NSDAP, Adolf Hitler, zum Reichskanzler.[7]

Machtübergabe durch Hitlers willige Helfer

An jenem Montag erfolgte keine „Machtergreifung", wie die Nazis stolz verkündeten. Der Begriff „Machtergreifung" wurde in Deutschland im Sprachgebrauch und in der Publizistik nach 1933 überwiegend mit Bezug auf den 30. Januar 1933 benutzt. Tatsächlich erfolgte die „Machtübergabe" durch „Hitlers willige Helfer". Denn um die Jahreswende 1932/33 hatte sich die Nazibewegung in einer ernsthaften Krise befunden.

Der 30. Januar 1933 ist ein verhängnisvoller Wendepunkt in der Geschichte Deutschlands: Die erste deutsche Demokratie fand ihr Ende, und künftig prägten Hakenkreuzfahnen das öffentliche Straßenbild.

Auch an den Feuerwehren ging der nationalsozialistische Zeitgeist nicht vorüber. Viele marschierten mit, andere passten sich an, wenige nur versuchten, sich fernzuhalten. Nach und nach wurden Vereine, Verbände, Gewerkschaften, kirchliche und soziale Organisationen von Regime-Kritikern „gesäubert", dem System „gleichgeschaltet" oder aber zerschlagen. Nicht anders erging es den

---

[7] Adolf Hitler, deutscher nationalsozialistischer Politiker, * 10.04.1889 in Braunau, † 30.04.1945 in Berlin. Das Amt des Reichspräsidenten bekleidete aber bis zu seinem Tode am 2. August 1934 Paul von Hindenburg. Danach wurden in der Tat die Ämter des Reichspräsidenten und Reichskanzlers in Hitlers Hand vereinigt. Als „Führer und Reichskanzler" vereinigte Hitler das höchste Partei-, Regierungs- und Staatsamt in seiner Hand und ließ als neuer Oberbefehlshaber die Reichswehr auf seinen Namen vereidigen.

freiwilligen Feuerwehren, deren paramilitärisches Potenzial sich die NSDAP nicht entgehen lassen wollte.

Ab 1933 wurde die Organisation Feuerwehr in die beginnende Diktatur eingegliedert. Auch wenn sich vereinzelt Widerstand zeigte, so spiegelte sich auch in den Feuerwehren das allgegenwärtige Unterlassen oder stillschweigende Zustimmen großer Teile der Bevölkerung wider.

Die Märzwahlen 1933 waren nicht mehr wirklich frei. Hitler erhielt zwar „nur" 43,9 Prozent der Stimmen, die NSDAP ging aber als stärkste Partei aus den Wahlen hervor. Bereits am 24. März 1933 wurde im Reichstag das „Ermächtigungsgesetz" verabschiedet; der Reichstag als Manifestation der Volkssouveränität war somit faktisch außer Kraft gesetzt. Eine der Folgen des Ermächtigungsgesetzes war die Gleichschaltung aller Bereiche des öffentlichen Lebens.

In einem Gespräch mit dem Oberpräsidenten der Provinz Hannover wurde am 9. März 1933 festgestellt, dass die Gleichschaltung bei den Feuerwehren vorläufig nicht nötig sei, weil die Feuerwehr den Forderungen der nationalsozialistischen Regierung gerecht werde und weil sie seit jeher ihren Dienst am Volke in wirklich sozialer Weise ausgeübt habe.[8]

Luftschutzmaßnahmen in ganz Deutschland

Der rasanten Entwicklung des Luftschutzes stand 1933 nichts mehr im Wege. Im Laufe des Jahres wurden in ganz Deutschland aktive und passive Luftschutzmaßnahmen eingeführt. Neben den Selbstschutzkräften wurden Einheiten für den Sicherheits- und Hilfsdienst (SHD) aufgestellt, die vor allem für den Brandschutz und die Brandbekämpfung bei Bombenangriffen sorgen sollten. Sie umfassten die Sparten Feuerlösch- und Entgiftungsdienst (FE-Einheiten), Sanitätsdienst und Instandsetzungsdienst sowie in den Hafenstädten den Havariedienst.[9]

Am 20. Februar 1933 hielt Branddirektor Fritz Lehmann (1877-1937), Leiter der Berufsfeuerwehr Braunschweig seit dem 1. Oktober 1906 (bis zu seinem Tod am 8. November 1937), auf Veranlassung des Vaterländischen Vereins, des Hausfrauenvereins und der Freiwilligen Sanitätskolonne im Gemeindehaus einen Vortrag über die „Gefahren des Luftkrieges". Der Besuch war „außerordentlich". Frau Raabe begrüßte die Anwesenden und wies auf den Ernst des Themas hin und betonte, „daß bei der mit vielem Konfliktstoff durchsetzten Zeit es nötig sei, sich mit dieser Frage zu beschäftigen". Gegen einen Luftangriff bliebe nur eine abwehrende Tätigkeit übrig, so Lehmann, da dem Land eine aktive Tätigkeit durch die Bestimmungen des Versailler Vertrages genommen worden sei.

---

[8] Wilkens, Adolf, Vorstandsmitglied des Landesfeuerwehrverbandes Niedersachsen ab 1989, Die staatliche Aufsicht, in: Chronik 125 Jahre Landesfeuerwehrverband Niedersachsen 1868-1993, Hannover 1993, S. 155.
[9] Vgl. Linhardt, Andreas, Beiträge der TH Braunschweig zum zivilen Luftschutz im „Dritten Reich", in: Technische Universität Braunschweig – Vom Collegium Carolinum zur Technischen Universität 1745-1995, S. 554 ff.

Erstaunlich sind die Details, über die er dann berichtete. Der Feuerwehr noch fremde Schlagwörter fielen, wie Gasangriffe aus der Luft, Blaukreuz und Grünkreuz, Brech- und Tränenreize, tödliche Gefahren, Brandbomben, 200 Gramm schwere Baby-Brandgranaten und die Stadt in „Schutt und Asche".[10]

Allgemein wurde versucht, die gesamte Bevölkerung für die Belange des Luftschutzes zu aktivieren und zu sensibilisieren. Eine wesentliche Funktion hatte dabei der am 29. April 1933 gegründete „Reichsluftschutzbund" (RLB), der mit Hilfe vielfältiger Werbemittel die Bevölkerung informieren und aufklären sollte. Neben Plakaten wurden Filme gezeigt, Ausstellungen und Schauvorführungen organisiert, sowie Luftschutzübungen durchgeführt. Zeitschriften, wie „Die Sirene – Illustrierte Zeitschrift mit den Mitteilungen des Reichsluftschutzbundes", und Broschüren mit Verhaltensregeln rundeten das Programm ab.

Der RLB hatte daneben die Aufgabe, die Selbstschutzkräfte und Amtsträger für den zivilen Selbstschutz auszubilden. Dazu gab es im Jahr 1937 bereits 5088 Luftschutzschulen, an denen 28000 Luftschutzlehrer tätig waren. Der RLB selber hatte bereits über 66000 Dienststellen und etwa zwölf Millionen Mitglieder. Die hohe Mitgliederzahl beruhte nicht zuletzt darauf, dass der zu entrichtende Jahresbeitrag lediglich eine Reichsmark betrug.

Eine der ersten Gas- und Luftschutzschulen in Deutschland entstand auf Initiative von Branddirektor Fritz Lehmann in Braunschweig. Kräfte von Berufsfeuerwehr und Technischer Nothilfe schufen die Räumlichkeiten auf dem Grundstück Hamburger Straße 273 und nutzten dazu die Räume einer alten Brauerei. Die Schule wurde am 16. Oktober 1933 offiziell eingeweiht.[11]

Eintrag im Adressbuch des Stadt- und Landkreises Celle für 1933, S. 335.
Repro: Blazek

---

[10] Prescher, Rudolf, Der rote Hahn über Braunschweig – Luftschutzmaßnahmen und Luftkriegsereignisse in der Stadt Braunschweig 1927 bis 1945, Braunschweig 1955, 2. Aufl. 1994, vgl. Ludewig, Hans-Ulrich, Braunschweig im Bombenkrieg – Versuch einer historischen Einordnung., in: Wissenschaftliche Zeitschrift des Braunschweigischen Landesmuseums, 4/1997, Seite 153 ff.
[11] Wilkens, a. a. O., S. 174.

Die Feuerwehren hatten durch ihre Zusammenschlüsse in Kreis-, Bezirks- und Landesfeuerwehrverbänden Interessengemeinschaften gebildet, die letztlich ihren Endzusammenschluss im Deutschen Feuerwehrverband fanden. Um diese Interessenvertretung war es in der Zeit zwischen 1928 und 1932 sehr still geworden, wahrscheinlich verursacht durch die Weltwirtschaftskrise, durch Arbeitslosigkeit und wirtschaftlichen Niedergang, aber auch durch innenpolitische Wirren.

Gremium trat an Reichsminister Göring heran

Vier Monate nach der Machtergreifung trat die Arbeits- und Interessengemeinschaft Deutscher Feuerwehrorgane erstmals an die Öffentlichkeit mit einem Antrag an den Reichsminister für Luftfahrt und Preußischen Ministerpräsidenten Hermann Göring[12] auf Vereinheitlichung durch das Reich.

Heute wissen wir, dass dieser Antrag den Anstoß zur Auflösung der Feuerwehrverbände gab und das Führerprinzip in der Feuerwehr eingeführt hatte:

Berlin, 31. Mai 1933

An den Herrn Reichsminister für Luftfahrt
und Preußischen Ministerpräsidenten
Hermann Göring, Berlin

Im Auftrage der Arbeits- und Interessengemeinschaft angeschlossener Feuerwehr-Organisationen beehre ich mich, in der Anlage einen Antrag auf reichsgesetzliche Regelung des Feuerlöschwesens mit der Bitte zu unterbreiten, das Weitere geneigtest veranlassen zu wollen.

Wenn wir uns mit diesem Antrage an den Herrn Reichsminister für Luftfahrt wenden, so geschieht dies in der Überzeugung, daß dortseits im Hinblick auf die Verbundenheit der Feuerwehrarbeit mit der Regelung des Luftschutzes für die von uns angeschnittenen Fragen ein besonderes Interesse bestehen wird.

Arbeits- und Interessengemeinschaften Deutscher Feuerwehrorgane

gez.: Ecker[13]

---

[12] Hermann Wilhelm Göring (1893-1946) gehörte zu den führenden nationalsozialistischen Politikern und galt nach Adolf Hitler als zweiter Mann im NS-Staat. 1933 wurde er Reichsminister für die Luftfahrt. Göring gründete die Gestapo und war für die Einrichtung der ersten Konzentrationslager verantwortlich. Im Juli 1940 wurde er von Hitler zum Reichsmarschall ernannt. Göring wurde im Nürnberger Kriegsverbrecherprozess 1946 zum Tode verurteilt, nahm sich jedoch vor Vollstreckung des Urteils das Leben. (vgl. https://de.wikipedia.org/wiki/Hermann_G%C3%B6ring)

[13] Der Vorsitzende des Deutschen Feuerwehrverbandes, Landesbranddirektor Gewerberat Adolf Ecker (1876-1950) in München, zugleich Leiter des Landesamtes für Freiwillige Feuerwehren, führte ab 1933 den Titel „Reichsführer der Freiwilligen Feuerwehren". Ecker war bis zur Auflösung 1936 Vorsitzender des Deutschen Feuerwehrverbandes. Er hatte 1928 die Nachfolge von Justizrat und Kreisbrandinspektor Heinrich Lang (1855-1936) in Landau/Pfalz angetreten.

Antrag auf reichsgesetzliche Regelung des Feuerlöschwesens:

Die in der Arbeits- und Interessengemeinschaft Deutscher Feuerwehrorgane vereinigten Feuerwehrverbände, die fast zwei Millionen deutscher Feuerwehrmänner umfassen, beehren sich folgendes zu unterbreiten:

1. Das Feuerlöschwesen hat sich in den einzelnen Ländern, Provinzen, Städten und Landgemeinden sehr verschieden entwickelt. Das Reich hat sich mit diesem Zweige des öffentlichen Dienstes bisher noch nicht in nennenswertem Maße beschäftigt.

2. Wenn trotzdem in den letzten Jahrzehnten bezüglich der Verbesserung der Organisationen des Feuerlöschwesens, der besseren Ausnutzung neuzeitlicher Hilfsmittel, der Normung der Geräte, der Ausnutzung und Auswertung der auf Brand- und Unglücksstellen gemachten Erfahrungen, der Schaffung von einheitlichen Vorschriften auf dem Gebiete der Bau- und Feuerpolizei, Unfallversicherung u. a. anerkennenswerte Fortschritte erzielt worden sind, so ist dies neben der Unterstützung durch die öffentlichen Feuerversicherungsanstalten und einzelner Landesregierungen, die jährlich erhebliche Geldmittel zur Verbesserung des Feuerlöschwesens beisteuerten, nur der selbstlosen Arbeit der großen Feuerwehrverbände, bei denen Erfahrungen und Sachkunde zusammenlaufen, zu verdanken. Diese Arbeit ist im stillen geleistet und daher von den amtlichen Stellen nicht immer in vollem Umfange und ihrer Bedeutung entsprechend nutzbar gemacht worden.

3. Dieser Zustand kann nicht weiter so bleiben, er darf es nicht, schon im Hinblick auf die drohende Brandgefahr bei Luftangriffen. Wenn bisher die vorzugsweise örtlich beschränkte Behandlung und Entwicklung des Feuerlöschwesens keine ausschlaggebenden Nachteile brachte, so ist ein solcher Zustand in der Zukunft bei der Bedeutung des Feuerlöschwesens sowohl allgemein, ganz besonders aber im Luftschutz nicht mehr vertretbar. Hier muß das Reich die Feuerwehren als ein einheitliches und festgefügtes Organ in Händen haben, das allen Anforderungen gewachsen ist.

4. Wir erlauben uns daher, folgende Anregungen zu unterbreiten:

a) Die Oberaufsicht über das Feuerlösch- und Brandschutzwesen übernimmt das Reich.

b) Die Organisation der Freiwilligen Feuerwehren in Stadt und Land, die Einrichtungen von Berufsfeuerwehren in großen Städten und die Einrichtung von Werkfeuerwehren bei den großen Industrieunternehmungen bleiben in ihren Grundzügen in bisheriger Weise bestehen.

c) Die rechtliche Stellung, Beaufsichtigung, Unfallfürsorge und der gesetzliche Kostenaufwand für das Feuerlöschwesen werden einheitlich durch das Reich geregelt.

Nachfolge von Justizrat und Kreisbrandinspektor Heinrich Lang (1855-1936) in Landau/Pfalz angetreten.

d) Zur verantwortlichen Mitarbeit der Feuerwehrorganisationen wird ein Reichs-Feuerwehr-Beirat (R.F.B.) gebildet, der von dem zuständigen Reichsministerium berufen wird.
Deutscher Feuerwehrverband e.V.
gez.: Ecker, Landesbranddir.
Reichsverein Deutscher Feuerwehr-Ingenieure e.V.
gez.: Floeter, Branddirektor
Arbeitsgemeinschaft der oberen Feuerwehr-Aufsichtsbeamten Deutschlands
gez.: Lehmann, Branddirektor
Auskunfts- und Zentralstelle für Leiter und Dezernenten des Feuerschutz- und Sicherheitsdienstes industrieller Unternehmungen
gez.: Lucke, Branddirektor
Preußischer Feuerwehr-Beirat
gez.: Odenkirchen, Branddirektor

Willkommener Anstoß für die Reichsregierung

Für die nationalsozialistische Reichsregierung war dieser Antrag ein willkommener Anstoß von fachlicher Seite zur Vereinheitlichung des Feuerlöschwesens. Dabei war der Reichsführung bewusst, dass die Reichseinheitlichkeit nicht über die Köpfe der Länder hinweg erreicht werden konnte. Um jedoch im Hinblick auf die Aufrüstung und den Luftschutz voranzukommen, wurde als erster Schritt die Schaffung eines Gesetzes über das Feuerlöschwesen in Preußen in die Wege geleitet.

Der 34. Provinzial-Feuerwehrtag des Feuerwehrverbands der Provinz Hannover wurde, wie geplant, vom 10. bis 12. Juni 1933 in Alfeld abgehalten. Es sollte aber auch – zumindest für 18 Jahre – der letzte dieser Art bleiben.

Gleiches gilt für den Deutschen Feuerwehrtag, die zentrale Veranstaltung für die Feuerwehren in Deutschland. Der fand letztmalig vom 5. bis 8. August 1932 in Karlsruhe statt (21. Deutscher Feuerwehrtag) und blieb bis 1953 der letzte.

Am 22. Juni 1933 erklärte der NS-Reichsinnenminister Wilhelm Frick die „Sozialdemokratische Partei Deutschlands" (SPD) zur staats- und volksfeindlichen Partei, die nicht vor hoch- und landesverräterischen Unternehmungen gegen Deutschland und seine rechtmäßige Regierung zurückschrecke. Die Landesregierungen hatten „die notwendigen Maßnahmen" gegen die SPD zu treffen. Die Verordnung zur Sicherung der Staatsführung vom 7. Juli 1933 trug schließlich dazu bei, dass die ehemaligen Mandatsträger der SPD von der weiteren Ausübung ihrer Mandate ausgeschlossen wurden. Ehemalige SPD-Mitglieder durften fortan keinen Wehrführerposten mehr bekleiden.

Löschverbot für Linke

Noch bevor die Nazis die Entlassung von Kommunisten und Sozialdemokraten offiziell verfügten, hatte der Deutsche Feuerwehrverband bereits ein Löschverbot für Linke verkündet: Für Mitglieder „regierungsfeindlicher" Parteien sei in den Wehren kein Platz, ihre Entfernung eine „dringend notwendige Pflicht im Interesse unseres lieben Vaterlandes".

Vom 7. bis 9. Juli 1933 wurde in Mayen der 36. Feuerwehrtag des Feuerwehrbandes der Rheinprovinz ausgetragen.

Bereits am 10. Juli 1933 versandte der Landesverband sächsischer Feuerwehren ein Schreiben an die verbandsangehörigen Feuerwehren, in dem es heißt: „Den Weisungen des Ministeriums des Inneren vom 17. Mai 1933 zufolge dürfen die Führerstellen der Freiwilligen und Fabrik-Feuerwehren nur durch nationalgesinnte Männer besetzt sein."[14]

Das Ziel Hitlers, der Einparteienstaat, wurde mit dem „Gesetz gegen die Neubildung von Parteien" am 14. Juli 1933, das nur noch die NSDAP als Partei zuließ, endgültig auch formal verwirklicht.

Der „Deutsche Gruß" wurde auch für die Feuerwehr eingeführt. Die Grußpflicht der freiwilligen Feuerwehr war entsprechend den Runderlassen des Ministers des Innern vom 8. August 1933 und 14. September 1933 auch in den Provinzial-Feuerwehrverbänden durchzuführen.

Am 1. Dezember 1933 erschien in der Hannoverschen Feuerwehr-Zeitung eine Mitteilung des Verbandsvorstandes mit folgendem Inhalt:

Am 23. und 24. Oktober 1933 fanden in Jena Verhandlungen des Deutschen und des Preußischen Feuerwehrausschusses statt, in denen für das gesamte Feuerlöschwesen wichtige Beschlüsse gefaßt wurden. Von überragender Bedeutung ist hier die Einführung des Führerprinzips sowohl im Deutschen als auch im Preußischen Feuerwehrverbande zu nennen. Zum deutschen Reichsfeuerwehrführer wurde der bisherige Vorsitzende des Deutschen Feuerwehrverbandes, Landesbranddirektor Ekkert (sic!), München, ernannt. Zum Führer des Preußischen Landesfeuerwehrverbandes der Branddirektor Bürgermeister Dr. Müller, Ibbenbüren in Westfalen.[15] Die Bestätigung dieser beiden Führer ist bei den Reichs- und Staatsbehörden beantragt. Sowie die Bestätigung erfolgt ist, wird von den Führern das

---

[14] Protokollbuch des 2. Zugs der Freiwilligen Feuerwehr Sebnitz, belegt durch die Bekanntgabe in der Sächsischen Feuerwehrzeitung Nr. 10 vom 31. Mai 1933.
[15] Im Stadtarchiv Ibbenbüren ist unter 37 0/76 und 77 (1935) abgelegt: „Das Dienstjahr bei der freiwilligen Feuerwehr" von Dr. Rudolf Müller, Ibbenbüren, Provinzialfeuerwehrführer Westfalen, und Baurat Fr. Witt, Recklinghausen. Rudolf Müller war Amtmann und Bürgermeister der Stadt Ibbenbüren vom 24. Januar 1922 bis zum 6. April 1945. Baurat Witt war seit 1927 als Stadtbaurat in Recklinghausen beschäftigt, von 1929 bis 1933 führte er den Löschzug Altstadt. Am 16. Juni 1934 vereidigte er als Branddirektor noch die Männer des Gas- und Luftschutzes, im Jahr darauf wurde er seines Amtes als Stadtbaurat enthoben und durch ein Parteimitglied ersetzt.

Erforderliche auch bei den Provinzial-Feuerwehrverbänden veranlaßt werden. Wir werden zu gegebener Zeit das Nähere in der Hannoverschen Feuerwehr-Zeitung bekanntgeben und bitten, bis dahin irgendwelche Bestrebungen bezüglich des Führerprinzips in den Kreisfeuerwehren und Freiwilligen Feuerwehren zurückzustellen.

Man kann sich des Eindrucks nicht erwehren, dass der damalige Führer des Deutschen Feuerwehrverbandes mit seinem Artikel „Das Führertum der Freiwilligen Feuerwehren" (Hannoversche Feuerwehr-Zeitung 1933, S. 367) noch einiges retten wollte.

Er leitete seinen Artikel mit folgenden Worten ein:

Es ist in den letzten Wochen und Monaten so vieles und so manches über das Führertum bei den Freiwilligen Feuerwehren besprochen worden, daß es angezeigt erscheint, diese nicht nur für die Feuerwehren, sondern auch für die gesamte Volkswirtschaft wichtige Frage vom Standpunkte der tatsächlichen Verhältnisse und Erfahrungen auszubeleuchten und so einiges richtig zu stellen, was in Unkenntnis dieser Verhältnisse und Erfahrungen verbreitet worden ist.

Will man dieses wichtige Thema nutzbringend behandeln, so muß man sachlich zu Werke gehen. Man darf sich nicht von falschem Ehrgeiz leiten lassen, denn nicht das Verlangen, sondern die Leistung trägt die Berufung, Führer zu sein, in sich. Darum hat auch die Lösung der Frage, wie die Führer berufen werden sollten, zur unbedingten Voraussetzung, daß völlige Klarheit über das Mindestmaß von Leistung und Eignung besteht, das von einem Führer der Freiwilligen Feuerwehr verlangt werden muß. Es muß sonach mit Klarheit festgestellt werden, daß Führereigenschaften und Führerpflichten richtig erkannt und vorhanden sein müssen. ... Wie ist nun diese Auslese am erfolgreichsten zu treffen? Wenn heute mit Recht den nationalsozialistischen Vorbildern und Grundsätzen entsprechend die Durchführung des Führerprinzips gefordert wird, so dürfen wir nicht in den Fehler verfallen, diese Forderungen dazu benutzen zu wollen, die bisherigen Führer der Blindheit und mangelnden Sachkenntnis zu geißeln. Wer solches unternimmt, ist, wenn er sachlich urteilen will, verpflichtet die Frage zu prüfen, ob es auch dem besten Sachkenner der Verhältnisse bisher überhaupt möglich war, das Führerprinzip in die Tat umzusetzen. Bei der Prüfung dieser Frage, ob es bisher möglich war, das Führerprinzip durchzuführen, darf die geschichtliche Entwicklung nicht außer Acht gelassen werden. Die Entstehung der Freiwilligen Feuerwehren, ihr vereinstechnischer Aufbau, die traditionellen liberalen Anschauungen, die im gesamten deutschen Volke, nicht nur bei den Freiwilligen Feuerwehren, nicht etwa nur bei den Führern, sondern auch bei den Geführten vorherrschend und ausschlaggebend waren, müssen gerecht gewürdigt werden. Nicht die Führer, nicht das Produkt dieser Verhältnisse, sondern die Verhältnisse selbst, nicht die Wirkung, sondern die Ursachen sind die auffindbaren Schuldigen, wenn schon Wert auf ihre Auffindung gelegt werden will. Zahlreich können die unwiderlegbaren Beweise dafür erbracht werden, daß gerade die bisherigen Führer längst erkannt hatten, daß die bisherige Art der Führerbestellung den Notwendigkeiten nicht entsprach, denn sie selbst hat-

ten reichlich jeden Tag im Dienstverkehr mit ihren Unterführern Gelegenheit, die Unzulänglichkeit der Führerbestellung kennen und bedauern zu lernen. Und ebenso zahlreich können die Beweise dafür erbracht werden, daß die bisherigen Führer unter den bisherigen Verhältnissen mit Eifer und Erfolg bemüht waren, die Mängel der Wahlbestellung einzuschränken, sie zu mildern und auszumerzen. Am deutlichsten sind diese Bemühungen erkennbar in der Einschränkung der Wählbarkeit, in der Schaffung von qualitativen Voraussetzungen durch Führerkurse mit Prüfungsabschlüssen und Reifezeugnissen. Daß dieser Weg zu dem Ziele, die rechten Männer an die richtigen Stellen zu bringen, schwer und lang sein würde, war uns allen klar; es war eben der einzige Weg, der uns bisher offenstand.

Es scheint, als wollte der Autor den soeben auf den Leser entstandenen Eindruck relativieren mit einer Lobpreisung auf den Führer, um bei demselben nicht in Misskredit zu fallen:

... nur wer diese dornenvollen Bemühungen selbst erlebt und mitgemacht hat, vermag zu ermessen, wie aufrichtig und groß das Dankesgefühl ist, das wir unserem Führer Adolf Hitler entgegenbringen dafür, daß er uns diesen langen und schweren Weg abgekürzt hat. Mit großer Befriedigung und Dankbarkeit dürfen wir erfüllt sein dafür, daß die Führer und Träger der nationalen Revolution den Freiwilligen Feuerwehren die verdiente Anerkennung zuteil werden ließen.

Beim Kameraden Ronnenberg kam die Freiwillige Feuerwehr Wiedensahl (LK Nienburg a./Weser) am 1. Dezember 1933 zusammen. Der stellvertretende Führer der Wehr, Heinrich Bolte, eröffnete die Versammlung um 21.15 Uhr. Anwesend waren 41 Mitglieder. Bevor man zur Ballbesprechung überging, gab es einige Mitteilungen aus der hannoverschen Feuerwehrzeitung zur Kenntnis zu bringen. Es wurden die Ernennungen der Führer des Reichsfeuerwehrverbandes sowie des Preußischen Landesfeuerwehrverbandes zur Kenntnis genommen. Ferner wurden die Bestimmungen zur Anwendung des „deutschen Grußes" besprochen und praktisch vorgeführt und geübt. Sodann wurde die Teilnahme an einem Kursus der Feuerwehrschule Celle vorläufig zurückgestellt.

Die Veröffentlichung eines Feuerlöschgesetzes stand nun unmittelbar bevor. Feuerwehrschulleiter Branddirektor Walter Schnell in Celle[16] schrieb in seinem Aufsatz „Abriß aus der Geschichte der Freiwilligen Feuerwehren 1933-1945" (1956): „Als dann im Sommer 1933 durch den Rundfunk plötzlich die Nachricht

---

[16] Walter Schnell, * 06.01.1895, † 07.05.1967, 1. Kommandeur der Freiwilligen Feuerwehr Celle 1925-1934, Städtischer Branddirektor 1933-1937, 1934 Provinzial-Feuerwehrführer, 1935 Erinnerungszeichen für Verdienste um das Feuerlöschwesen, 1935 Feuerwehr-Ehrenkreuz I. Klasse, 1937 Reichsfeuerwehr-Ehrenzeichen I. Klasse, 1937 Berufung nach Berlin als Leiter des Amtes für Freiwillige Feuerwehren im Reichsgebiet, 1942 Generalmajor der Feuerschutzpolizei, 1962 Feuerwehr-Ehrenzeichen 1. Stufe (Hische, Hans; Schmidt, Werner, Chronik der Freiwilligen Feuerwehr Celle, herausgegeben zum 125-jährigen Bestehen, Celle 1989, S. 212).

ging, die preußische Regierung würde in Kürze sich des Feuerlöschwesens annehmen und dies durch Gesetz auf eine neue Grundlage stellen, da war wohl kaum jemand unter uns, der nicht diese Absicht lebhaft begrüßt hätte. Man erwartete ja vom Staat nur Gutes und somit in erster Linie eine einheitliche, neuzeitliche Ausrüstung und vor allem eine Förderung des Ansehens der Freiwilligen Feuerwehren. Es vergingen Monate, man hörte nichts mehr von dem, was der Rundfunk angekündigt hatte, bis eines Tages die Vorsitzenden der Preußischen Provinzial-Feuerwehrverbände und ihre Geschäftsführer eine Einladung zu einer Versammlung nach Hannover erhielten, indem ein höherer Ministerialbeamter erstmalig über die beabsichtigte Gesetzesregelung berichtete. Begeistert kamen die Teilnehmer dieser Versammlung zu ihren Verbänden zurück."

Preußisches Gesetz über das Feuerlöschwesen

Das Staatsministerium der NS-Regierung erließ für Preußen das Gesetz über das Feuerlöschwesen vom 15. Dezember 1933, das, in Verbindung mit dem Gesetz über den Neuaufbau des Reiches vom 30. Januar 1934, in die gewachsene Struktur der Feuerwehren eingriff. Die bisher maßgebenden Polizeiverordnungen der Oberpräsidenten wurden aufgehoben. Gleiches gilt für das am 21. Dezember 1904 in Preußen erlassene Gesetz, betreffend die Befugnis der Polizeibehörden zum Erlasse von Polizeiverordnungen über die Verpflichtung zur Hilfeleistung bei Bränden.

In der Begründung zum Feuerlöschgesetz wurde unter anderem ausgeführt, dass sich die Entwicklung des Feuerlöschwesens in den Grundzügen bewährt habe. Im Einzelnen seien in der Regelung des Feuerlöschwesens aber erhebliche Mängel aufgetreten. Als solche seien insbesondere zu nennen:

* *die unklaren Verhältnisse der örtlichen Feuerwehren zur Ortspolizeibehörde*
* *das Voranstellen des Vereinsmäßigen*
* *das Fehlen staatlicher Einwirkmöglichkeiten auf die Feuerwehrverbände mit der Wirkung, daß in diesen erhebliche Korruptionserscheinungen zutage getreten seien*
* *die mangelnde Regelung der Feuerlöschhilfe und das Verhalten bei Bränden*
* *eine Reihe von rechtlichen oder organisatorischen Zweifeln in Einzelfragen*

Das Gesetz wurde in sechs Abschnitte mit 27 Paragraphen untergliedert:

Abschnitt I
Die örtlichen Feuerwehren

Abschnitt II
Die Feuerwehrverbände

Abschnitt III
Die Aufsicht über die Feuerwehrverbände

Abschnitt IV
Die sachliche Ausrüstung der Feuerwehr
Abschnitt V
Vom Verhalten in Brandfällen
Abschnitt VI
Schlußbestimmungen

Die gesetzlichen Neuregelungen bewirkten:

1. Die Abschaffung der Wahlen in den Feuerwehren und die Einführung des Führerprinzips in der Feuerwehrorganisation,
2. das Unterstellen der Feuerwehren unter die Ortspolizeiverwalter und damit unter die Aufsicht der Polizeiaufsichtsbehörde und
3. den Beginn einer staatlichen Bevormundung der Feuerwehren.

Damit war ein erster Schritt, die Feuerwehren einzugliedern, getan.

(Nr. 14047.) **Gesetz über das Feuerlöschwesen. Vom 15. Dezember 1933.**

Das Staatsministerium hat das folgende Gesetz beschlossen:

Abschnitt I.
Die örtlichen Feuerwehren.

§ 1.

In jedem Ortspolizeibezirke muß eine leistungsfähige und den örtlichen Verhältnissen entsprechend ausgerüstete Feuerwehr vorhanden sein. Besteht ein Ortspolizeibezirk aus mehreren Gemeinden, so ist in jeder Gemeinde für genügenden Feuerschutz zu sorgen.

§ 2.

Die Feuerwehr hat im Auftrag des Ortspolizeiverwalters die Gefahren abzuwehren, die der Allgemeinheit oder dem einzelnen durch Schadenfeuer drohen. Die Polizeiaufsichtsbehörden können den Feuerwehren auch die Abwehr sonstiger Gefahren übertragen.

§ 3.

(1) Die Feuerwehr im Sinne der §§ 1 und 2 kann bestehen:
 a) aus Berufsfeuerwehrmännern;
 b) aus einer freiwilligen Feuerwehr;
 c) aus Personen, die durch Polizeiverordnung zu einer Pflichtfeuerwehr zusammengeschlossen sind.
(2) Die Feuerwehr bedarf der Anerkennung der Polizeiaufsichtsbehörde.

Ein Blick in das neue Feuerlöschgesetz des Staatsministeriums der NS-Regierung vom 15. Dezember 1933.
Repro: Andreas Berg

In Paragraph 6 heißt es:

(1) Soweit die auf Grund der §§ 4 und 5 gebildeten Feuerwehren hinsichtlich ihrer Stärke den örtlichen Verhältnissen nicht entsprechen, sind Pflichtfeuerwehren zu bilden.

(2) Die Rechte und Pflichten, die Uniformierung und die Ausbildung der Pflichtfeuerwehrmänner sowie die Bezeichnung der Führer wird durch Polizeiordnung geregelt. Die Anerkennung als Pflichtfeuerwehr darf nur aus-

gesprochen werden, wenn die Vorschriften dieser Polizeiverordnung erfüllt sind.

Ohne Beteiligung oder Anhörung der Betroffenen

Der Gesetzgeber ging davon aus, dass sich die außerpreußischen Länder dem preußischen Vorgehen anschließen würden. Das Gesetz wurde nach nationalsozialistischer Art ohne Beteiligung oder Anhörung der Betroffenen verabschiedet und verkündet.

Die Tatsache, dass ein preußisches Landesgesetz über das Feuerlöschwesen vom Reichskanzler verkündet wurde, deutet einwandfrei darauf hin, dass es sich um ein Gesetz handelt, dem eine reichseinheitliche Funktion von Anfang an zugedacht war. Um die Übernahme dieses Gesetzes durch die anderen Länder zu beschleunigen, übte man sofort entsprechenden Druck auf die Länder aus. Diese jedoch zeigten zum Teil kräftigen Widerstand gegen eine solche Form der Angleichung.

Gültigkeit im Saargebiet ab 1935

Von Hessen wurde das am 1. Januar 1934 in Kraft getretene Gesetz nicht übernommen, im Saargebiet trat es erst nach der im Februar 1935 erfolgten Rückgliederung in das Deutsche Reich in Kraft, und zwar am 1. August 1935.[17]

Das Feuerlöschgesetz führte zu einer starken Ausdehnung des Feuerschutzes, vor allem in den Landgemeinden. Ferner wurden die demokratischen Wahlen in den Feuerwehren abgeschafft und die Altersgrenze von 60 Jahren für den aktiven Dienst eingeführt. Mit Vollendung ihres 60. Lebensjahres schieden die Kameraden gemäß Paragraph 5 Absatz 1 aus dem aktiven Dienst aus und zogen sich gemäß Paragraph 50 in die Altersabteilung zurück.

Der Abschnitt II des Gesetzes (die Paragraphen 7 ff.) regelte die Rechtsstellung der Feuerwehrverbände und deren Vorstände. „Die in einem Kreise vorhandenen anerkannten Feuerwehren bilden den Kreisfeuerwehrverband. Der Kreisfeuerwehrverband ist eine Körperschaft des öffentlichen Rechts."

Mit dieser Neuerung sollte, wie es wörtlich heißt, die staatliche Einwirkungsmöglichkeit auf die Verbände durch Einführung einer besonderen Staatsaufsicht sichergestellt werden. Für die Feuerwehrschule Celle wurde ein so genannter Feuerrat gebildet, der die Fachaufsicht ausübte und insbesondere den Haushalt aufzustellen hatte. Diesem Rat gehörten der Vizepräsident des Oberpräsidiums, der Vorsitzende des Provinzial-Feuerwehrverbands, der Generaldirektor der

---

[17] Im Saarland wurde 1935 auf Erlass des Reichs- und Preußischen Ministers des Innern ein Saarländischer Feuerwehrverband gegründet. Am 13. Juni wurde Stadtbaurat Karl Kassemeyer aus St. Wendel (LK St. Wendel) kommissarisch mit der Führung dieses Verbandes betraut. Am 3. Dezember 1935 wurde dann der Führerrat des Saarländischen Landesfeuerwehrverbandes ernannt: Stadtbaurat Kassemeyer zum Landesfeuerwehrführer, Branddirektor Ludwig Kammer aus Völklingen zum technischen Leiter, Zimmermeister Ernst Uhl aus St. Ingbert zum Adjutanten, Kaufmann Adolf Marx aus Saarlautern zum Presseleiter und Branddirektor Wilhelm Debusmann aus Saarbrücken zum stellvertretenden Landesfeuerwehrführer.

Landschaftlichen Brandkasse, der Branddirektor der Berufsfeuerwehr Hannover und mehrere Kreisbrandmeister an. Von 1934 bis 1938 erfüllte die Feuerwehrschule Celle ihre Aufgaben in der neuen Rechtsform.

Um als Feuerwehrfachschule im Sinne des neuen Gesetzes anerkannt zu werden, baute die Schule Loy (Oldenburg), eine der ältesten Feuerwehrschulen Deutschlands, auf eine Bettenzahl von 40 aus.

Nach Paragraph 9 bildeten die Kreisfeuerwehrverbände einer Provinz den Provinzial-Feuerwehrverband. Die Provinzial-Feuerwehrverbände, ebenfalls eine Körperschaft des öffentlichen Rechts, bildeten den Feuerwehrbeirat.

Berufs- und freiwillige Feuerwehren wurden zur „Polizeiexekutive besonderer Art". Die Bezeichnung beschränkte sich im Wesentlichen auf in Preußen befindliche städtische Berufsfeuerwehren. Die Versuche, den Begriff auf die außerpreußischen Feuerwehren auszudehnen, hatten nur geringen Erfolg. Die Berufsfeuerwehr blieb organisatorisch weiter eine eigenständige kommunale Behörde.

Durch das neue Unterstellungsverhältnis entstand in Preußen der inoffiziell gebräuchliche Sammelbegriff „Feuerlöschpolizei", der im Gesetz selbst jedoch nicht genannt wurde. Feuerwehrfahrzeuge der freiwilligen und auch der Berufsfeuerwehr erhielten vereinzelt die Aufschrift „Feuerlöschpolizei", sie blieben aber noch rot lackiert. Bezüglich der Bezeichnung führte erst das Reichsfeuerlöschgesetz von 1938 eine Änderung herbei.

Landesbranddirektor Gaedicke, Berlin, übte in einem Artikel unter der Überschrift „Feuerwehr und Nationalsozialismus" in der „Feuerwehr-Verbands-Zeitung" 1935 (Seite 547-548) Kritik am preußischen Feuerlöschgesetz.

Gesetz war Forderung der Feuerwehren

Dennoch: Die Feuerwehren hatten immer ein Gesetz gefordert, das ihre Aufgaben und Befugnisse genau regeln und zu einer Vereinheitlichung führen sollte. Bisher waren sie nur als „Schutzwehren" im Sinne des Paragraph 113 des Reichsstrafgesetzbuches anerkannt gewesen, was bedeutete, dass sie nur im Augenblick eines Einsatzes den besonderen Schutz des Staates genossen.

Die Bahnfeuerwehren hatten die noch in der Weimarer Republik erstellte, am 20. November 1933 eingeführte und ab 1. Januar 1934 gültige Dienstvorschrift DV 149 – Feuerlöschordnung (Feulo) – anzuwenden. Diese enthielt ergänzende Bestimmungen über taktische Feuerlöschmaßnahmen bei Luftangriffen. In der Anlage 6 der DV 149 „Merkblatt bei Luftangriffen" stand unter anderem, dass ein Flugzeug Hunderte von Brandbomben mit sich führen und ebenso viele Brandherde erzeugen könne. Weiter war aufgeführt, dass der gleichzeitige Abwurf vieler Brandbomben möglich sei und die öffentliche Feuerwehr nicht ausreiche, um die entstandenen Brände zu bekämpfen, und Selbsthilfe erforderlich sei.

Laut Runderlass des Preußischen Ministers des Innern vom 23. Dezember 1933 waren Berufsfeuerwehrmänner vom SA-, SS- und SAR-Dienst (Militärischer Such- und Rettungsdienst) zu befreien.

Die Durchführungsverordnung zum Gesetz über das Feuerlöschwesen wurde am 5. Januar 1934 veröffentlicht und bekannt gegeben. Danach waren alle eingetragenen Kreisfeuerwehrverbände und Provinzial-Feuerwehrverbände aufzulösen. Die vollzogene Auflösung des Provinzial-Feuerwehrverbandes war dem Oberpräsidenten und die der Kreisfeuerwehrverbände dem zuständigen Regierungspräsidenten bis zum 1. Februar 1934 zu melden. Nicht eingetragene Feuerwehrverbände konnten als Körperschaften des öffentlichen Rechts weitergeführt werden.[18]

Weiterhin wurde in der Durchführungsverordnung folgende personelle Angelegenheit bekannt gegeben: „Aufgrund des § 25 und 11 Abs. 2 des Gesetzes über das Feuerlöschwesen habe ich den Branddirektor Wagner, Berlin, zum Vorsitzenden des Ausschusses für die Angelegenheit der Berufsfeuerwehren und den Bürgermeister Dr. Müller, Ippenbühren (sic!), zum Vorsitzenden des Ausschusses für die Freiwilligen Feuerwehren ernannt. Ich bitte die Oberpräsidenten, nunmehr die Vorsitzenden der durch § 9 des Gesetzes neugebildeten bzw. soweit es sich um nicht rechtsfähige Vereine handelt, der durch § 1 der Verordnung zur Durchführung des Gesetzes über das Feuerlöschwesen umgebildeten Provinzial-Feuerwehrverbände zu ernennen."

Der Regierungspräsident in Wiesbaden, Werner Zschintsch (NSDAP), ging über die Forderungen der Durchführungsverordnung vom 5. Januar 1934 hinaus, indem er forderte:

Daneben wird die Teilnahme an einem besonderen Ausbildungslehrgang ... zwar weder im Gesetz noch in den Durchführungsbestimmungen gefordert, von mir aber in Anbetracht der großen Bedeutung, die dem Feuerlöschwesen in Zukunft beizulegen ist, und im Hinblick auf die besonderen Aufgaben ... für notwendig gehalten. Ich ersuche deshalb ergebenst, ... die Ernennung von Kreisfeuerwehrführern von dem Nachweis der Teilnahme an einem mindestens vierwöchentlichen Ausbildungslehrgang bei der Reichsfeuerwehrschule abhängig zu machen.

Erlass von Mustersatzungen

Zügig wurden vom Preußischen Ministerium des Innern Mustersatzungen erlassen, die an die Stelle bestehender Satzungen treten sollten. Wesentliche Änderungen ergaben sich durch die Einführung des Führerprinzips. Dieses verpflichtete nach dem Motto „Führer befiehl, wir folgen" zu blindem Gehorsam und bedingungsloser Treue gegenüber Hitler als dem obersten „Führer" und die jewei-

---

[18] Unter anderem wurde der seit dem 6. September 1874 bestehende Minden-Ravensberg-Lippische Feuerwehrverband aufgelöst, der bei seiner Auflösung zuletzt 197 Feuerwehren umfasste.

lige Gefolgschaft zu Gehorsam gegenüber den Befehlen der Führer auf mittlerer und unterer Ebene.

Nach Paragraph 9 der Mustersatzung für Freiwillige Feuerwehren vom 13. Januar 1934 waren Organe der Wehr: Wehrführer, Führerrat, Mitgliederversammlung.

§ 10 Der Wehrführer und der Führerrat

Die Wehr wird nach dem Führerprinzip geleitet.

a) Wehrführer als Vorsitzender
b) stellvertretender Wehrführer
c) Schrift- und Kassenwart
d) Gerätewart
e) nach Bedarf sonstige Mitglieder

Der Wehrführer, die Löschzugführer und die Halbzugführer werden im Einvernehmen mit dem Ortspolizeiverwalter und dem Kreisfeuerwehrführer vom Provinzial-Feuerwehrführer aus den Reihen der Mitglieder der Wehr ernannt und abberufen.

Am 18. Januar 1934 folgte die Mustersatzung für die Kreisfeuerwehrverbände in Landkreisen. Festgestellt wurden als Organe des Kreisfeuerwehrverbandes (§ 7): der Kreisführer der Freiwilligen Feuerwehr, der Kreisführerrat und die Mitgliederversammlung. Der Führerrat bestand gemäß Paragraph 9 aus dem Kreisführer der Freiwilligen Feuerwehr als Vorsitzendem, dem Fachwart des Kreisverbandes als Stellvertreter des Vorsitzenden, dem Adjutant des Kreisführers und dem Pressewart. Die Mitglieder des Führerrats waren durch den Landrat zu ernennen und abzuberufen.

„Gott zur Ehr', dem Nächsten zur Wehr, Einer für alle, alle für einen." Mit diesen Wahlsprüchen der freiwilligen Feuerwehr beginnt das 1934 gedruckte Mitgliedsbuch der Freiwilligen Feuerwehr Lauenau e.V. (LK Springe). Abgesehen von Raum für persönliche Eintragungen findet der Inhaber alle 20 Paragraphen der in der am 23. März 1934 in der Mitgliederversammlung beschlossenen Satzung auf 13 Seiten vereint. Repro: Blazek

Interessant ist in diesem Zusammenhang eine diesbezügliche Mitteilung im Zauch-Belziger Kreisblatt, Belzig, den 5. April 1934:

Verpflichtungserklärung der freiwilligen Feuerwehrleute. Der preußische Minister des Innern hat eine Mustersatzung für die Kreisfeuerwehrverbände und in Stadtkreisen aufgestellt. Nach dieser Satzung haben die Feuerwehrwehrmänner nach erfolgreicher Ausbildung, vorwurfsfreier Dienstzeit und abgelegter Prüfung bei ihrer endgültigen Aufnahme folgende Verpflichtungserklärung abzugeben. „Ich gelobe, im Sinne des nationalsozialistischen Staates meinen Führern und meinen Kameraden ein teurer Kamerad zu sein. Meine freiwillig übernommenen Pflichten pünktlich und gewissenhaft zu erfüllen und mich als freiwilliger Feuerwehrmann unter Einsatz meiner ganzen Körperkraft bereitzuhalten. Gott zur Ehr', dem nächsten zur Wehr!"

Mustersatzung der Provinzial-Feuerwehrverbände

Die Mustersatzung der Provinzial-Feuerwehrverbände wurde am 24. Januar 1934 erlassen. Organe des Provinzial-Feuerwehrverbandes (§ 7) waren der Führer der Freiwilligen Feuerwehren, der Führerrat und die Mitgliederversammlung. Der Führerrat bestand gemäß Paragraph 9 aus dem Provinzial-Führer als Vorsitzendem, dem technischen Leiter des Provinzial-Feuerwehrverbandes (dieser sollte möglichst die Voraussetzung erfüllen, die an Berufsfeuerwehroffiziere gestellt wurden), dem Adjutant, dem Presseleiter und den weiteren vom Oberpräsidenten in den Führerrat einberufenen Personen. Die Mitglieder des Führerrats waren durch den Oberpräsidenten zu ernennen und abzuberufen.

Mancherorts wurden die grauen Wolken am Horizont wahrgenommen. Ein Beispiel ist Hannover: Am 30. Januar 1934 fand die letzte Vorstandssitzung des Feuerwehrverbands für die Provinz Hannover unter der Leitung des letzten Verbandsvorsitzenden, Senator Carl Freundel aus Peine, statt. Freundel eröffnete die Sitzung mit den Worten: „Wenn wir uns heute hier versammelt haben und wenn ich Sie, meine verehrten Kameraden, gebeten habe, nochmals hier zusammenzukommen, so geschah dies aus dem einfachen Grunde, weil ich heute noch das Recht habe, den Vorstand einzuberufen. Ob ich übermorgen noch dazu in der Lage bin, kann ich nicht sagen. Ich habe es für meine Pflicht gehalten, den Vorstand noch einmal zusammenzuholen, da es voraussichtlich die letzte gemeinsame Sitzung ist. – Aus dem Feuerlöschgesetz geht hervor, dass die Führer mit dem 60. Lebensjahr ihre Ämter niederzulegen haben, und dazu gehört der größte Teil."

Carl Freundel war der erste Verbandsvorsitzende, der seinen Platz lebend verlassen musste, weil das Gesetz es so vorschrieb.[19]

---

[19] Ladwig, Benno, Die Feuerwehren unter staatlicher Aufsicht, in: Festschrift 100 Jahre Landesfeuerwehrverband Niedersachsen e.V., Lüneburg 7.-9. Juni 1968, S. 11. Über Carl Freundel, der letzter demokratisch gewählter Vorsitzender des Feuerwehrverbandes für die Provinz Hannover war (Juli 1929 bis 27. Januar 1934), lies ausführlich: Ruhland, Daniel, 150 Jahre Freiwillige Feuerwehr Peine-Kernstadt 1852-2002, S. 34 f.

Der Niederschlag der neuen gesetzlichen Regelungen auf die Freiwillige Feuerwehr Rodenberg (LK Grafschaft Schaumburg) wird in der Generalversammlung vom 4. Februar 1934 deutlich. Unter Tagesordnungspunkt „Verschiedenes" gab Hauptmann Wilhelm Bornemann einen Erlass des obersten Führers der SA bekannt, wonach die Übungen der Freiwilligen Feuerwehren dem Dienst in der SA und SS vorgingen. Anschließend wurden die Kameraden, welche der Wehr 30 Jahre angehörten und Mitbegründer der Wehr waren, durch Erheben von den Plätzen geehrt. Es waren dieses die Kameraden Gottlieb Wittkugel, Fr. Winter, Louis Schlewitz, Hermann Pomy, Wilhelm Frehe, Wilhelm Lücke, Heinrich Matthias I, Johann v. Drachten, Louis Heise, Heinrich Heise, W. Koppelmeier, Friedrich Wellhausen und Heinrich Schulze. – Der feierliche Abschied der „Alten" war vollzogen.

Feuerwehrtechnische Normenstelle

Das NS-Regime begann, ein besonderes Augenmerk auf die Feuerwehr zu richten, da sie im Luftschutz eine große Rolle spielen sollte. Ein großes Hindernis bei der dazu nötigen überörtlichen Kooperation waren die unterschiedlichen Schlauchtypen und Kupplungssysteme, die überall noch vorhanden waren. Deshalb setzten das Reichsinnenministerium und die Industrie eine „feuerwehrtechnische Normenstelle" ein, deren Aufgabe die Vereinheitlichung der Ausrüstungsgegenstände der Feuerwehren war. Auf der letzten nachweisbaren Sitzung der Arbeits- und Interessengemeinschaft Deutscher Feuerwehrorgane am 5. Februar 1934 in Berlin wurde beschlossen, die bisher von ihr unterstützte feuerwehrtechnische Normenstelle unter dem Vorsitz des Regierungsbaurats Dr.-Ing. Paul Kalaß in das Reichsluftfahrtministerium (RML) zu verlegen, „da eine enge Zusammenarbeit zwischen Feuerwehr und Luftschutz erforderlich ist".[20]

In dem Arbeitspapier „Der zivile Brandschutz" (2. Auflage, 1937) wurde später zusammengefasst:

Auf Veranlassung des Reichsluftfahrtministeriums und unter tätiger Mitwirkung von Hersteller- und Verbraucherkreisen wird seit dem Ende des Jahres 1933 die Normung der Feuerwehrgeräte durch die feuerwehrtechnische Normenstelle durchgeführt. Innerhalb von 3 ½ Jahren sind vom deutschen Normenausschuß etwa 100 einzelne Normblätter herausgegeben worden und haben so dem deutschen Feuerwehrwesen ein einheitliches technisches Gesicht gegeben; hierbei konnten als Grundlage für die Arbeiten oftmals Liefervorschriften des Reichsluftfahrtministeriums benutzt werden.

Die Feuerwehren erfuhren höchste staatliche Anerkennung. Sie erhielten die Rechte und Pflichten einer Polizeitruppe und trugen neben der Uniform auch die

---

[20] Linhardt, Andreas, Feuerwehr im Luftschutz 1926-1945 – Die Umstrukturierung des öffentlichen Feuerlöschwesens in Deutschland unter Gesichtspunkten des zivilen Luftschutzes, Braunschweig 2002, S. 31, unter Hinweis auf die Feuerwehr-Verbands-Zeitung 1934, S. 179.

Abzeichen derselben. Unterm 6. Februar 1934 (MdI II D2059) ordnete der Preußische Minister des Innern an, dass die Berufs- und freiwilligen Feuerwehrmänner einheitliche, im Einzelnen festgelegte Dienstkleidung zu tragen hatten:[21]

> *Aufgrund der §§ 4 und 5 des Gesetzes über das Feuerlöschwesen vom 15.12.1933 wird angeordnet, dass die Berufs- und die freiwilligen Feuerwehrmänner die in der als Anlage abgedruckten Bekleidungsordnung vorgesehenen Uniformen usw. zu tragen haben. Vorhandene Uniformen, Ausrüstungsstücke, Kopfbedeckungen dürfen aufgetragen werden. Dies gilt nicht hinsichtlich der Abzeichen.*

Die Bekleidungsordnung wurde in der Folge mehrfach – erstmals schon im April 1934 – novelliert. Die Feuerwehren hatten nun den Status einer Polizei-Exekutive. Dies kam äußerlich auch durch die neuen Uniformen zum Ausdruck, die im Schnitt den Polizeiuniformen angepasst wurden. Die Abzeichen waren ebenfalls mit denen der Polizei weitgehend identisch.

Walter Schnells Führungsrolle in Hannover

Durch den Oberpräsidenten der Provinz Hannover wurde Feuerwehrschulleiter Branddirektor Walter Schnell am 10. Februar 1934 zum Vorsitzenden und Führer des Feuerwehrverbands für die Provinz Hannover ernannt, da Senator Carl Freundel, immerhin schon 71-jährig, die neu eingeführte Altersgrenze bereits überschritten hatte.

Schnell stand mit seinen Pflichten nun auch vor der besonderen Aufgabe, die rund 1800 freiwilligen Feuerwehren der Provinz Hannover neu zu gliedern. Er wies 1934 mit Nachdruck darauf hin, dass man „besser situierte Kreise" in die Feuerwehr einbeziehen müsse. Kleinhandwerker und Arbeiter hätten bisher „für diese Kreise ihre Zeit und Arbeitskraft geopfert". Bei seinem Amtsantritt als Führer des Feuerwehr-Verbandes für die Provinz Hannover wies Schnell in einem Rundschreiben, das in der Hannoverschen Feuerwehr-Zeitung am 15. Februar 1934 abgedruckt wurde, darauf hin, dass das Feuerlöschwesen nunmehr „auf das reine Führerprinzip" umgestellt sei. Es sei also nicht mehr freier Wille der Wehren, dem Kreis- bzw. Provinzialfeuerwehrverband anzugehören, sondern gesetzliche Pflicht.

Der Provinzialführer legte fest: „Den Altersabteilungen der Freiwilligen Feuerwehren ist das Tragen von Uniformen untersagt, um nicht durch unmilitärische Feuerwehrführer und -männer das Ansehen der Uniform zu gefährden. Wir haben uns der Angliederung an die Polizei würdig zu erweisen! Sollten bei verdienstvollen älteren Führern Ausnahmen gemacht werden, so verlange ich aus-

---

[21] Die Einführung der neuen Uniformen bei den preußischen Feuerwehren geschah schrittweise: Die traditionellen Farben – dunkelblauer Uniformrock und schwarze Hose – wurden beibehalten (der Schnitt ähnelte der Reichswehruniform), ein neuer Feuerschutzhelm mit Helmkamm (später ohne) wurde eingeführt (Formgebung: Fronthelm Modell 16 aus dem Ersten Weltkrieg), dieser bot besonders im Ohr- und Nackenbereich mehr Schutz als der herkömmliche Lederhelm.

drücklich die Einreichung eines Lichtbildes, um feststellen zu können, ob der Betreffende nach seinem Aussehen und der Art seiner Uniform dafür würdig erscheint."[22]

Herausgabe von Führerbefehlen

Von den Provinzialführern wurden ab sofort in Abständen „Führerbefehle" herausgegeben. Mit dem Datum 12. Februar 1934 wurde der erste Führerbefehl des Provinzialführers der Freiwilligen Feuerwehr für die Provinz Hannover, der „Führer-Befehl Nr. 1", bekannt gegeben. Darin gab Provinzial-Feuerwehrführer Schnell bekannt, dass alle Wehren ihre Eintragung ins Vereinsregister des zuständigen Amtsgerichts zu veranlassen hatten. Die preußischen Feuerwehren waren somit erfolgreich ins nationalsozialistische Machtgefüge integriert worden. Weiter heißt es: „Unsere Beziehungen zu den anderen Wehrverbänden, also der SA., SS. und Stahlhelm, müssen in der ganzen Provinz die denkbar besten sein. Ich ordne daher an, daß jeder Wehrführer innerhalb der nächsten 8 Tage den rangältesten örtlichen SA.-, SS.-, oder Stahlhelmführer aufsucht und freundschaftliche Beziehungen anbahnt."

Die freiwilligen Feuerwehren waren nun Vereine mit der Bezeichnung „Freiwillige Feuerwehr ... e. V." Die damaligen Satzungen sind bei den meisten Feuerwehren verschwunden wegen ihrer inhaltlichen Brisanz. Ein Blick in die entscheidende Neuerung der Satzung:

§ 5.
Erwerb der Mitgliedschaft.
1. Aktive Mitglieder:

a) Als solche werden nur gesunde, kräftige und gewandte Männer, die den Anforderungen des Dienstes in der Wehr zu genügen imstande sind, einen guten Ruf haben und arischer Abstammung sind, das 18. Lebensjahr vollendet und das 40.*) Lebensjahr möglichst nicht überschritten haben, aufgenommen. Sie müssen Bürger der Gemeinde .... und dürfen keine Vertreter von Feuerwehrgerätefabriken oder hiermit im Zusammenhang stehenden Geschäftsunternehmungen sein;

(...)

Am 17. Februar 1934 wurde die Freiwillige Feuerwehr Wienhausen (LK Celle) neu gegliedert und die noch heute gültige Gliederung der Wehr in Gruppen zu neun Mann – Gruppenführer, Maschinist, Melder und je zwei Mann Angriffstrupp, Wassertrupp und Schlauchtrupp – eingeführt. Am 3. Juli 1934 wurde die Wehr in der Gastwirtschaft Trumann auf den Führer und auf das „Großdeutsche Reich" vereidigt.

Die Wehrführungen wurden mit Fragebögen, Prüfungsberichten und Aus-

---

[22] Entnommen aus: Mandel, Armin, Von der Handdruckspritze zum Tanklöschwagen – Freiwillige Feuerwehr Wunstorf in Stadt und Land 1894-1984, Wunstorf 1984, S. 25.

rüstungs-, sowie Stärkenachweisen überschüttet, um die Loyalität der Feuerwehr zum Staat immer wieder zu festigen. Auch der Dienst wurde sehr ernst genommen; unentschuldigtes Fehlen oder Fernbleiben wurde hart bestraft.

Es ging jetzt nicht nur um eine straffe Organisation im technischen Bereich, sondern befohlen wurde von oben:

..., *daß von jetzt ab in den Wehren auch im inneren Dienst ein militärischer Ton herrschen muß*
... *alle Führer und Unterführer sind mit ihrem Dienstgrad anzureden*
... *die Bezeichnung „Herr" als Anrede in der Verbindung mit den Dienstgraden fällt fort.*

Krise in Vechta

Die Freiwillige Feuerwehr Vechta wurde in den Jahren unter den neuen Machthabern gar in eine Krise gestürzt: Die Chronik vermeldet Austritte aufgrund der politischen Gleichschaltung und eine Strafversetzung der Wehrführung aufgrund von Konflikten mit den Nationalsozialisten.[23]

Ingenieur Hermann Scholz wurde im März 1934 vom Ober- und Regierungspräsidenten der Provinz Sachsen, Albert von Ulrich, zum technischen Leiter des Führerrates im Provinzialfeuerwehrverband der Provinz Sachsen berufen. Von Ulrich bestellte ihn ferner im Oktober 1934 zum Feuerlöschdirektor für die Provinz Sachsen als Feuerwehraufsichtsperson des Regierungspräsidenten in Magdeburg. 1937 ernannte der Oberpräsident Scholz zum kommissarischen Provinzialführer der freiwilligen Feuerwehren der Provinz Sachsen, gleichzeitig wurde er auf eigenen Antrag als technischer Leiter des Provinzialfeuerwehrverbandes abberufen. Von 1938 bis 1945 war Hermann Scholz Leiter der Feuerwehrschule der Provinz Sachsen (in Heyrothsberge b. Magdeburg).[24]

Am 28. März 1934 wurde die Mustersatzung für die Kreisfeuerwehrverbände in Stadtkreisen erlassen.

Der Nassauische Feuerwehrverband wurde am 15. April 1934 aufgelöst, und die Organisation wurde in den Provinzialfeuerwehrverband Hessen-Nassau übergeleitet. Dies war der letzte öffentliche Auftritt des Verbandes bis zu seiner Wiedergründung 1948.

Anlässlich der ersten Mitgliederversammlung des neuen Feuerwehrverbands der Provinz Hannover am 18. April 1934 lobte Walter Schnell nochmals die beson-

---

[23] http://www.feuerwehr-vechta.de/wirueberuns/historie.htm.
[24] Scholz, Hermann, * 03.07.1882, † Heyrothsberge 16.02.1945, Vorsitzender des Feuerwehrverbandes der Provinz Sachsen seit 1925, nach Abschluss des Studiums zwei Jahre als Maschineningenieur im schlesischen Bergbau, ab 1909 Brandingenieur bei der Breslauer Berufsfeuerwehr und gleichzeitig Berater in allen technischen Feuerwehrfragen in Schlesien, 1925 wurde er in Nachfolge von Karl Krameyer Feuerlöschdirektor und Feuerwehraufsichtsorgan des Ober- und Regierungspräsidenten der Provinz Sachsen, Albert von Ulrich (Sammlung Landesfeuerwehrverband Sachsen-Anhalt e.V., Magdeburg; Sammlung Hartmut Greulich, Feuerwehrhistoriker, Magdeburg).

deren Verdienste, die Senator Carl Freundel sich bei der Gründung der Provinzial-Feuerwehrschule in Celle erworben hatte, und führte weiter aus: „Damit haben Sie sich ein persönliches Denkmal gesetzt, welches Sie höchstwahrscheinlich viele Jahrzehnte, ja Jahrhundert, überleben wird, und es muss für Sie ein erhebender Gedanke sein, dass das Gedenken an Sie damit unbedingt im Provinzialfeuerwehrverband fortleben wird." Damit hat er ja schlussendlich auch Recht behalten.

In der Generalversammlung am 14. Mai 1934 wurde die Umstrukturierung der Freiwilligen Feuerwehr Rodenberg (LK Grafschaft Schaumburg) formell besiegelt. Der neu ernannte Brandmeister Johann Becker eröffnete die Versammlung. Die Wehr wurde in der bisherigen Form mit sofortiger Wirkung aufgelöst. Danach wurde „die neue Wehr" gegründet, die an einem noch zu bestimmenden Tage gerichtlich eingetragen werden sollte. Dann erfolgte die namentliche Eintragung der neuen Mitglieder durch eigenhändige Unterschrift. Es trugen sich 46 aktive und 16 passive Mitglieder ein. Nach Beendigung des offiziellen Teiles der Versammlung ließ Brandmeister Becker ein dreifaches „Sieg Heil" auf den Reichspräsidenten Paul von Hindenburg und den Führer und Reichskanzler Adolf Hitler ausbringen. Danach wurden das Deutschlandlied und das *Horst-Wessel-Lied* („Die Fahne hoch ...") gemeinsam gesungen.[25]

Am 16. Mai 1934 wurde der Runderlass des Ministeriums des Innern vom 7. Mai 1934 „Dienstanweisung für die Feuerwehraufsichtspersonen in Landkreisen" an die Regierungs-Präsidenten und Landräte geleitet: „In Absatz 2 der Ausf.-Best. zu Abschnitt III des Feuerlöschgesetzes vom 2.2.1934 ... ist darauf hingewiesen worden, daß die Landräte in ihrer Eigenschaft als Polizei-Aufsichtsbehörden in feuerwehrtechnischer Hinsicht sich zweckmäßigerweise des Kreisfeuerwehrführers als ihres besonderen Organes gemäß § 15 Absatz 2 des Feuerlöschgesetzes bedienen. Zur gleichmäßigen Erhöhung der Schlagkraft der Feuerwehren ersuche ich, für diese Feuerwehraufsichtspersonen die in der Anlage abgedruckte Dienstanweisung zu erlassen. Geringfügige Abänderungen bleiben unbenommen. (...)

§ 2. Der Kreisfeuerwehrführer wird in seiner Eigenschaft als Feuerwehraufsichtsperson nur in meinem Auftrage tätig. Insbesondere hat er folgende Aufgaben:

1. Er hat die Feuerwehren des Kreises regelmäßig zu prüfen und darüber zu wachen, daß sie den örtlichen Verhältnissen entsprechend leistungsfähig sind. Dabei hat er insbesondere zu prüfen,

---

[25] Die Zeitung berichtete: „Von den 60 Mitgliedern waren bei der Versammlung 52 anwesend; galt es doch, die alte Wehr aufzulösen und die neue Wehr nach den Richtlinien der Staatsregierung neu zu gliedern. Der Führer der neuen Wehr ist Kam. Joh. Becker." (entnommen aus: Schaumburger Wochenblatt vom 12.01.1994)

a) ob die Löschgerätschaften, Ausrüstungsstücke und Gerätehäuser sich in einem guten Zustande befinden,
b) ob das Alter, die Ausbildung und Uniformierung der aktiven Feuerwehrmänner sowie die Bezeichnung der Führer den erlassenen Bestimmungen entspricht,
c) ob die Stärke, Gliederung und Ausrüstung der Feuerwehren den geltenden Vorschriften angepaßt ist,
d) ob die örtlichen Dienstanweisungen zweckmäßig sind,
e) ob die örtlichen Feuerwehrführer und Unterführer ihren Aufgaben gewachsen sind,
f) ob die Disziplin in den Feuerwehren gut ist. (...)"[26]

Vom 23. bis 24. Juni 1934 wurde in Aachen der 37. Verbandstag des Feuerwehrbandes der Rheinprovinz ausgetragen.

In der Generalversammlung am 9. Juli 1934 wurden alle Mitglieder der Freiwilligen Feuerwehr Hermannsburg (LK Celle) auf die Richtlinien des neuen Staates beziehungsweise auf den Führer und auf das „Großdeutsche Reich" vereidigt. Der Hauptmann der Wehr wurde jetzt als Hauptbrandmeister geführt.

Ministerialerlass vom 15. August 1934

In dem Runderlass vom 15. August 1934 des Reichs- und Preußischen Ministers des Innern heißt es, dass es unerwünscht sei im Interesse der Leistungsfähigkeit der Feuerwehren, dass Feuerwehrmänner gleichzeitig auch Mitglied der SA oder SS seien. Sollte dies jemand sein, so sei ein ehrenvolles Ausscheiden gestattet:

Im Interesse der Leistungsfähigkeit der Feuerwehren ist es unerwünscht, daß Feuerwehrmänner und Feuerwehrführer gleichzeitig auch Mitglied der SA oder SS sind, da durch die doppelte Inanspruchnahme die Dienstfreudigkeit der Feuerwehrmänner erheblich leidet. Ich ordne daher hiermit an, daß in Zukunft kein Mitglied eines anerkannten Berufs der Freiwilligen Feuerwehr mehr Mitglied der SA oder SS werden darf.

Damit konnte die Feuerwehr eine gewisse Eigenständigkeit bewahren und war insbesondere unabhängig von der Partei.

Jedoch konnten die Feuerwehren auch in dieser Organisationsform dem politischen Einfluss der Zeit nicht völlig entgehen. Schließlich unterstanden sie nunmehr dem Chef der Deutschen Polizei, der zugleich Reichsführer der SS, also wieder einer Parteigliederung, war. Im weiteren Verlauf der Entwicklung wurden die Vereine und Verbände der Feuerwehren aufgelöst ...

Beginnend mit dem Jahr 1934 ordnete das Reichsministerium für Volksaufklärung und Propaganda reichsweit Feuerschutz-Wochen an. Vom 17. bis 23. Sep-

---

[26] Abgedruckt in: Blazek, Matthias, In den Wehren mußte auch im inneren Dienst ein militärischer Ton herrschen – Die Freiwilligen Feuerwehren von Schaumburg-Lippe während der NS-Zeit, General-Anzeiger vom 10. Januar 1991.

tember 1934 wurde die Bevölkerung mit Vorträgen, Feuerschutzbegehungen und Übungen auf den Brandschutz orientiert.

Der Brand der Erdölbohrung N 22 in Nienhagen am 29. September 1934. Foto: Ulrich Giesecke

Am 26. Dezember 1934 feierte die Freiwillige Feuerwehr Wiedensahl (Landkreis Nienburg a./Weser) im Vereinslokal bei Gastwirt Steuber das 25-jährige Stiftungsfest. Laut der Festordnung begann das Fest mit einem Fahneneinmarsch und endete mit der „Ehrung unseres Führers und Kanzlers Adolf Hitler" durch den neuen Kreisfeuerwehrführer August Twele[27] sowie dem Horst-Wessel-Lied („Die Fahne hoch!"). Der B.D.M. führte einen Bändertanz vor. Die Festansprache hielt der Gemeindeschulze und Mitbegründer der Feuerwehr Wilhelm Nickels. Nach dem Festakt ging man zum Ball über.

Lehrbuch über die Dreiteilung des Löschangriffs

Im Jahre 1934 erschien das Lehrbuch „Die Dreiteilung des Löschangriffs – Ein Leitfaden für die Ausbildung des Einheitsfeuerwehrmannes und die praktische Führung Freiwilliger Feuerwehren auf der Brandstelle" von Provinzial-Feuerwehrführer Walter Schnell. In diesem Buch wurde die Mannschaft in so

---

[27] Der Kaufmann August Twele, der seit dem 1. Oktober 1933 die Freiwillige Feuerwehr Nienburg geführt hatte, wurde „aufgrund hervorragender organisatorischer Fähigkeiten" bereits im Frühjahr 1934 zum Kreisfeuerwehrführer des Kreises Nienburg ernannt. Twele löste damit Kreisbrandmeister Wilhelm Hockemeyer, Liebenau, ab.

genannte Trupps unterteilt. Die noch heute bedeutsame Dreiteilung des Löschangriffs hat die Ausbildung in der Feuerwehr, den Einsatzablauf (Löschangriff) und die Führungsorganisation, nicht zuletzt durch eine Raumordnung (der Bereich zwischen Wasserentnahmestelle und dem Brandobjekt wurde in Arbeitsbereiche aufgeteilt), wesentlich bestimmt. Mit diesem Buch gab es erstmalig in der Feuerwehrgeschichte einen Leitfaden für die Ausbildung des Einheitsfeuerwehrmannes und die taktische Führung Freiwilliger Feuerwehren auf der Brandstelle. Es wurde von den Feuerwehren sofort als Ausbildungsgrundlage angenommen. Erst jetzt konnten die Feuerwehrmänner überall auf der Brandstelle eingesetzt werden.

Vor dem Hintergrund des Runderlasses des Reichsministeriums des Innern erklärt sich das Schreiben von Wilhelm Niemitz aus Wiedensahl vom 23. Januar 1935 an die oberste Behörde in Berlin:[28]

An den Reichsminister des Inneren

Auf Grund des RdErl. d. M.d.I. vom 15.8.1934 habe ich als altes Mitglied der hiesigen freiwilligen Feuerwehr am 5.9.1934 meinen Austritt aus der S.A. erklärt. Dieses ist ordnungsgemäß geschehen. Mein damaliger Truppführer hat es dem hiesigen Wehrführer zur Weiterleitung übergeben. Seitdem habe ich auch keinen Dienst mehr in der S.A. gemacht. Bin auch vom Sturmführer als ausgeschieden verlesen worden.

Es werden mir nun von seiten der SA Schwierigkeiten bereitet und falls ich nicht wieder zum SA Dienst erscheine, ich aus derselben ausgestoßen würde.

Sie begründet ihr Vorgehen damit, der oben erwähnte RdErl. sei widerrufen worden.

Ich bitte nun um Nachricht, ob letzteres den Tatsachen entspricht und wie ich mich in Zukunft zu verhalten habe.

Der Vorgang wurde vom Ministerium in Berlin unverzüglich unterm 25. Januar 1935 an den Herrn Regierungspräsidenten in Minden, damals Ernst Althaus, zur Verfügung weitergeleitet. Von dort ging der Vorgang zum Regierungspräsidenten in Hannover und von da wiederum zum Landrat in Nienburg. Das Problem der Zuständigkeit!

In Nienburg gab man Wilhelm Niemitz Recht. Zwar sei die Durchführung des besagten Erlasses durch eine weitere Anordnung derselben Behörde vom 14. September 1934 bis auf weiteres ausgesetzt worden, „also nicht etwa aufgehoben", so habe Niemitz mit seiner Austrittserklärung aber nur das getan, was der Herr Innenminister verlangt habe. „Hieraus kann Ihnen kein Vorwurf gemacht werden."

---

[28] Das Reichsministerium des Innern (RMdI) war das Innenministerium des Deutschen Reichs während der Weimarer Republik und der Zeit des Nationalsozialismus. Es war der Nachfolger des Reichsamtes des Innern und der Vorgänger des Bundesministeriums des Innern. Amtsinhaber war seit dem 30. Januar 1933 Dr. Wilhelm Frick (NSDAP), am 20. August 1943 folgte Heinrich Himmler (NSDAP). (Quelle: Wikipedia – Die freie Enzyklopädie).

Sonderdruck aus

FEUERSCHUTZ

ZEITSCHRIFT DES REICHSVEREINS DEUTSCHER FEUERWEHR-INGENIEURE

SCHRIFTLEITUNG: DIPL.-ING. NOACK
OBERBAURAT BEI DER FEUERWEHR
BERLIN SO 36, REICHENBERGER STRASSE 66

HERAUSGEBER UND VERLEGER:
REICHSVEREIN DEUTSCHER FEUERWEHR-
INGENIEURE E. V., BERLIN W 15

NR. 10 / 14. JAHRGANG

POTSDAM / OKTOBER 1934

Erdölbrand in Nienhagen (Provinz Hannover).

Von Branddirektor Dipl.-Ing. Schmidt, Feuerlöschpolizei Hannover.

Am 29. September d. J. ist die Deutsche Erdölindustrie von einem Unglück betroffen worden, wie es sich bisher in dieser Schwere wohl noch nicht ereignet haben dürfte, und zwar sind durch einen auf dem Gelände der Gewerkschaft Nienhagen (Wintershall) bei Fündigwerden einer Erdölbohrung entstandenen Brand nicht nur erhebliche Werte an maschinellen Einrichtungen und Erdöl vernichtet worden, sondern es haben bei diesem Brand beklagenswerterweise auch fünf Personen den Tod gefunden, während 11 Personen zum Teil erheblich verletzt wurden.

Da ich von vielen Seiten um einen Bericht über diesen Brandfall gebeten worden bin, habe ich nachstehend versucht, in großen Zügen den Sachverhalt vom Ausbruch des Brandes bis zur Ablöschung desselben wiederzugeben. Ich muß jedoch im voraus darauf aufmerksam machen, daß es sich nur um eine Tatsachenbericht handelt, da mir für die Abfassung desselben bis zum Redaktionsschluß nur ganz kurze Zeit zur Verfügung stand. Es wird voraussichtlich möglich sein, nach Klärung des ganzen Zusammenhanges bezüglich des Brandausbruchs und des Brandverlaufs wie vor allem der Wirkung der Loschmaßnahmen in der nächsten Nummer der Zeitschrift „Feuerschutz" ausführlicher über die Erfahrungen und die Maßnahmen zu berichten, die seitens der fraglichen Gewerkschaften zur Abwehr ähnlicher Gefahren für die Zukunft getroffen werden sind.

Die Gewerkschaft Nienhagen betreibt in der Nähe des gleichnamigen Dorfes, das etwa 35 km von Hannover an der Strecke Hannover—Celle—Hamburg liegt, eine größere Zahl von Erdölbohrungen. An dem Brandtage hatte die Bohrung 22, die bereits früher fündig geworden, jedoch noch tiefer in die Erde getrieben war, Zeichen für einen neuen Ölfund gegeben, und man hatte alle Maßnahmen für den Beginn des Ölaustritts getroffen, u. a. auch die Zahl der in dem Bohrturm beschäftigten Arbeiter verstärkt. Plötzlich erfolgte gegen 7 Uhr ein außergewöhnlich starker Gas- und Ölausbruch aus dem Bohrrohr. Aus noch nicht einwandfrei geklärter Ursache – u. a. wurde die Vermutung elektrischer Zündung oder einer solchen durch Funkenbildung als Folge des Hochschleuderns eines Steines ausgesprochen –, gerieten das ausströmende Erdgas sowie das Erdöl in Brand. Wenige Sekunden später war infolge der beträchtlichen Menge der aus der Bohrung austretenden Gas- und Ölmengen der etwa 37 m hohe, über dem Bohrloch befindliche, nicht mit Holz verschalte Bohrturm in Flammen gehüllt. Die im Turm tätige Belegschaft in Stärke von 5 Mann hatte sofort nach dem Ölausbruch versucht, sich durch Abspringen von dem Turm zu retten. Einem Ingenieur und vier Arbeitern gelang es jedoch nicht mehr, den Turm zu verlassen; sie fanden den Tod in den Flammen. Die übrigen 11 Arbeiter hatten auch bereits zum Teil schwere Brandwunden erlitten. Einem derselben, der sich noch im Turm befand, gelang es, im letzten Augenblick so abzuspringen daß er ein in geringer Entfernung unter ihm gespannten, zur Windverteifung des Turmes bestimmten Drahtseil erfaßte und an diesem etwa 50 m entlang herabhangeln konnte. Durch die technische Leitung der Gewerkschaft sowie der Bohrung wurden nunmehr mehrere freiwillige Feuerwehren, darunter die Celler Feuerwehr, alarmiert, während unabhängig hiervon mit dem Aufwerfen eines Erdwalles um den Bohrturm herum begonnen wurde, um ein Wegfließen des bald auf einer Fläche von über 1000 qm brennenden Öls zu verhindern. Zur Durchführung dieser Arbeiten wurden auch die an der Brandstelle eingetroffenen freiwilligen Feuerwehrmänner eingesetzt, da ein Löschangriff auf den Brandherd infolge der in kurzen Pausen von wenigen Minuten regelmäßig wiederkehrenden außerordentlich starken Öl- und Gaseruptionen zunächst völlig aussichtslos erschien. Bald nach Brandbeginn neigte sich der hohe eiserne Bohrturm, dessen ungeschützte Eisenkonstruktion unter einer Hitzeeinwirkung von weit über 1000° stand, zur Seite und stürzte um. Das Feuer hatte sich inzwischen von der näheren Umgebung der Bohrung auch auf eine etwa 200 bis 300 qm große Ölsumpffläche seitlich des Bohrturms (siehe Abb. 1), die Spülöl für die Bohrung enthielt, übertragen und verbreitete sich außerdem durch das Wegfließen des austretenden Erdöls bzw. durch das periodisch erfolgende eruptive Herumschleudern desselben nach allen Seiten. Hierdurch gerieten auch zwei in unmittelbarer Nähe des Turmes aufgestellte ca. 28 cbm große, zum Teil mit Öl gefüllte Kessel in die Feuerzone und drohten zu explodieren. (Abb. 2 zeigt solche Kessel neben einem Bohrturm.) Zeitweise war auch, je nach den Windverhältnissen, die etwa 60 m von dem Brandherd entfernte Bohrung 16 der Gewerkschaft Nienhagen in Gefahr. Wie sich auch aus einer nachträglichen Besichtigung der zum Teil geschmolzenen gußeisernen Teile der Bohrapparatur ergab, außerordentlich hoch; vor allem machte sich aber die im Gegensatz zum Brennen von Hochtanks ungehindert nach allen Seiten ausstrahlende Hitze sehr unangenehm bemerkbar und erschwerte den Löschmannschaften das Herankommen außerordentlich. Als ausgezeichneten Schutz empfanden hierbei die Mannschaften aus Celle den neuen Stahlhelm, der sich zwar unter der Einwirkung der ungewöhnlich hohen Brandtemperatur auch stark erhitzte, ohne jedoch bei der Eigenart der Innenausstattung die Wärme irgendwie nennenswert nach innen übertragen zu haben. Das Vorgehen der durch alte Helme

Bericht über den Brand der Erdölbohrung N 22 am 29. September 1934. Repro: Blazek

Pflichtfeuerwehren blieben bestehen

Landrat Wilhelm Heinichen[29] in Celle übersandte den Herren Gemeindevorstehern im Landkreis Celle unterm 24. Januar 1935 die Polizeiordnung des Reichs- und Preußischen Minister des Innern über die Pflichtfeuerwehren. Er machte bekannt: „Die im Landkreise Celle bestehenden Pflichtfeuerwehren bleiben bestehen, auch in den Gemeinden, in denen inzwischen freiwillige Feuerwehren gegründet worden sind. Für sie sind fortan die Vorschriften der Polizeiverordnung vom 1. November 1934 maßgebend. Ich ersuche die Polizeiverordnung sofort zur allgemeinen Kenntnis, insbesondere auch zur Kenntnis des Führers der Pflichtfeuerwehr und gegebenenfalls auch des Führers der Freiwilligen Feuerwehr zu bringen und künftig hiernach zu verfahren." Im Einzelnen ordnete der Landrat an, dass Personen im Alter von 50 bis 60 Jahren „nur im Ernstfalle" heranzuziehen seien. Und: „Alljährlich ist eine Liste der Pflichtfeuerwehrmänner aufzustellen und mir bis zum 1. Januar, erstmalig bis zum 5. Februar 1935 in zweifacher Ausfertigung einzureichen." Weiterhin sollten die Gemeindeschulzen die Gespann- und Motordienstpflichtigen in genügender Zahl zu bestellen und die Liste dieser Pflichtigen zum 1. Januar jeden Jahres zur Festsetzung vorzulegen.

Der Landrat verlangte, dass die Führer der Pflichtfeuerwehren die etwa noch erforderliche Anzahl von Rottenführern bestellen sollten. Rottenführer waren nach Paragraph 6 der Polizeiverordnung die Führer von Löschtrupps, auf die 8 Pflichtfeuerwehrmänner kamen. Der Führer eines Halblöschzuges hieß „Spritzenmeister", der Führer eines Löschzuges „Oberspritzenmeister". Die Zahl der in Paragraph 7 vorgeschriebenen Armbinden mit dem Aufdruck „Pflichtfeuerwehr", die am linken Oberarm zu tragen waren, sollten dem Kreisfeuerwehrführer in Garßen bis zum 15. Februar 1935 gemeldet werden. Die Ausrüstung der Pflichtfeuerwehrmänner war in § 9 der Polizeiverordnung geregelt. Der Landrat ordnete an, dass dort, wo nur eine Pflichtfeuerwehr bestand, für diese 8 Steigergurte und 2 Rettungsleinen zu beschaffen waren. Die Polizeiverordnung regelte in Paragraph 10 die Ausbildung der Pflichtfeuerwehren. Danach hatte jede Pflichtfeuerwehr wöchentlich wenigstens einmal zwei Stunden zu üben.

> In der Mitgliederversammlung der Freiwilligen Feuerwehr Auhagen (LK Grafschaft Schaumburg) am 18. Mai 1935 wurde die durch das Preußische Feuerlöschgesetz vorgeschriebene Satzung beschlossen und von der Versammlung genehmigt. Die Wehrführung machte sich überhaupt keine Mühe, die zum Ausfüllen vorgesehenen Textlücken in der Satzung mit Leben zu füllen. Auf der ersten Seite und auf der letzten Seite am Schluss trug sie am 1. Juni 1935 den Ortsnamen ein und leitete den Bogen unterschrieben an Landrat Oskar Funk in Rinteln weiter. Der Landrat genehmigte die Satzung am 2. Juli 1935.

---

[29] Wilhelm Heinichen, * 17.07.1883, † 27.07.1967, preußischer Regierungsrat (seit 1916), 1919 Landrat.

Feuerwehr-Verband
der Provinz Hannover zu Celle
Der Provinzialfeuerwehrführer

1. September 1935

Aktenmerkblatt Nr. 4/1935
Beilage zur **Hannoverschen Feuerwehr-Zeitung, Jork**

Die Führer der Wehren sind verpflichtet, dieses Aktenmerkblatt der Zeitung zu entnehmen und folgemäßig abzuheften, damit sämtliche Befehle und Mitteilungen jederzeit greifbar sind

Das nebenstehend abgebildete Schild, bestehend aus einem Quadrat 50 × 50 cm in roter Farbe mit weißem Feld — 30 cm Durchmesser — und Polizeistern, stellt die vorschriftsmäßige Kommandotafel laut Satz 4, Ziffer 2, der Dienstvorschrift dar. Um zu vermeiden, daß Schilder geschaffen werden, die nicht den Vorschriften entsprechen oder unordentlich gemalt sind, empfehle ich den Wehren bezw. den Kreisfeuerwehrverbänden, die Schilder von dem Emaillierwerk Mellendorf bei Hannover zu beziehen. Die Kommandotafel besteht aus 2 durchgewölbten Blechplatten, die gegeneinander geschraubt sind und beiderseits vorschriftsmäßig emailliert sind. Ein eisern hohler Schaft ermöglicht die Befestigung auf einem Holzstab, der nach eigenem Ermessen mit einer Spitze versehen werden kann. Die doppelseitige Tafel kostet ab Mellendorf 9,50 RM. Es wird empfohlen, gegebenenfalls Sammelbestellungen durch den Kreisfeuerwehrverband zu erteilen, um Frachtvergünstigungen zu erzielen.

Betrifft: Ankleben von Plakaten usw. an Feuerwehrgerätehäuser.

Der Herr Reichs- und Preuß. Minister des Innern hat unter dem 12. August 1935 folgenden Runderlaß herausgegeben:

„Reichs- und Preuß. Minister des Innern.
III D 173.

Die Außenflächen von Feuerwehrgerätehäusern werden z. T. in einer Weise mit Anschlägen bedeckt, die mit der Stellung der Feuerwehr als Pol.-Exekutivorgan unvereinbar ist. Gegen Freianschlagstellen an Feuerwehrgerätehäusern ist nichts einzuwenden, sofern geeignete Stellen nicht zur Verfügung stehen. Ein verunstaltendes, insbesondere ungeregeltes Bekleben außerhalb dieser Freianschlagstellen oder die Benutzung der Feuerwehrgerätehäuser zur Anbringung von Daueranschlägen ist jedoch zu verhindern.

An alle Pol.-Behörden. — MBliV. S. 1024.

Mit Bezug auf diesen Erlaß ersuche ich sämtliche Feuerwehrführer darauf zu achten, daß das Äußere der Feuerwehrgerätehäuser nach Möglichkeit von Plakaten vollkommen sauber gehalten wird. Wenn die Gemeinde irgendwelche Flächen des Feuerwehrgerätehauses zur Freianschlagstelle bestimmt, so sollen hierzu keinesfalls die Tore benutzt werden. Außerdem dürfte es dann angebracht sein, daß diese Freianschlagstelle durch eine besondere Brettfläche mit Umrahmung gekennzeichnet wird, sodaß es nicht den Anschein erweckt, als ob das Feuerwehrgerätehaus wahllos beklebt sei. Bei geschickter Verhandlung dürfte es den Feuerwehrführern aber auch möglich sein, darauf hinzuwirken, daß die Freianschlagstelle des Ortes nicht am Feuerwehrgerätehaus, sondern an einem anderen Gebäude angebracht wird.

Betrifft: Ankleben von Plakaten usw. an Feuerwehrgerätehäuser. Aktenmerkblatt Nr. 4/1935. Repro: Blazek

Luftschutzgesetz vom 26. Juni 1935

Das am 26. Juni 1935 erlassene Luftschutzgesetz (RGBl I S. 827) stellte die Zeichen in Richtung Kriegseinsatz. In einem vorhergehenden gemeinsamen Erlass des Reichsministers des Innern und des Reichsluftfahrtministeriums wurden Luftschutzschulungen für Feuerwehrführer verordnet. Das Gesetz selbst verpflichtete die Gemeinden, die Körperschaften öffentlichen Rechts sowie die Polizei zur Mitwirkung bei Luftschutz. Die freiwilligen Feuerwehren sahen sich in der Folge mit einer enormen Ausweitung ihres Ausbildungsprogramms um spezifische Inhalte des Luftschutzes konfrontiert. Das beinhaltete die Unterweisung im Umgang mit Brandbomben, Übungen von Einsatzlagen mit Kampfgasen oder den häuslichen Luftschutz.

In der Generalversammlung der Freiwilligen Feuerwehr Eldingen (LK Celle) am 13. Juli 1935 wurden an die anwesenden Kameraden Mitgliedsbücher verteilt. Befehle des Provinzialführers wurden bekannt gegeben. Der Feuerwehrball sollte vorläufig nicht gefeiert werden. „Besondere Anträge wurden nicht gestellt. Der Führer schließt deshalb mit einem dreifachen Siegheil auf den Führer und Reichskanzler die Versammlung."

Einen weiteren Schritt nach vorne dem „Endsieg" entgegen bedeuteten die „Richtlinien für die Verbescheidung von Beihilfegesuchen" vom August 1935:

„Die Landesfeuerwehrunterstützungskasse Karlsruhe teilt mit: Wir werden in Hinkunft Beihilfegesuche ablehnend verbescheiden, wenn die Anschaffung der Feuerwehrgegenstände bei Firmen erfolgt, deren Inhaber nichtarischer Abstammung ist oder bei Firmen, die bekannterweise mit Kapital von nichtarischen Geldgebern arbeiten. Wir ersuchen die Gemeinden, die Feuerwehren entsprechend zu verständigen."

Feuerwehrführer Wilhelm Alps in Gockenholz (LK Celle) legte mit Schreiben vom 20. August 1935 sein Amt nieder. Das Landratsamt schickte ihm das Schreiben postwendend am 24. August zurück, da Gründe nicht angegeben waren. Alps antwortete (erst) am 27. November 1935: „Ich wünsche mein Amt als Pflichtfeuerwehrführer deshalb niederlegen, weil ich das heute geforderte Interesse für die Wehr nicht habe und ich den Bürgerm. Hagen als Wehrführer für geeigneter halte."

Vom 31. August bis 2. September 1935 wurde in Villingen i.Schw. der 32. Badische Landesfeuerwehrtag ausgetragen. Er war, so „Der Schwarzwälder" in seiner Ausgabe vom 2. September 1935, „nicht nur in Aufbau und technischer Gestaltung, sondern auch schon im Geist grundverschieden von den früheren Landesfeuerwehrtagen". 6000 Feuerwehrmänner nahmen am Appell teil. Der „neue Geist" scheint bei den Feuerwehren auf wenig Gegenliebe gestoßen zu sein, wie aus der Festansprache von Landrat Müller herauszuhören war, der darauf hinwies, dass „bei den Freiwilligen Feuerwehren ... eine Umstellung nicht notwendig gewesen" sei. Dieser Landesfeuerwehrtag war der erste, der mit Leistungswettbewerben verbunden wurde.

34500 freiwillige Feuerwehren im Reichsgebiet

1935 gab es in der Provinz Hannover 1900 freiwillige Feuerwehren mit 96000 Mann. Im Reichsgebiet standen 34500 freiwillige Feuerwehren mit 1,7 Millionen Feuerwehrmännern.[30]

Ein Lehrgang nach 1935 an der Feuerwehrschule Celle mit Teilnehmern aus dem Landkreis Celle.   *Foto: Archiv der Niedersächsischen Landesfeuerwehrschule*

Das Jahr 1935 liefert in Bezug auf die Freiwillige Feuerwehr Bergkirchen (LK Schaumburg-Lippe) einen bitteren Beigeschmack. Hans Busack, einer der Mitbegründer der Wehr, wurde aus der Wehr ausgeschlossen. Dass dies nicht allen Kameraden recht gewesen sein kann, dürfte verständlich sein. Aber gegen die Nazi-Schergen hätte man damals auch kaum Chancen gehabt. In der Beitragsliste für 1935 sind sein Name und die Monatskästchen gestrichen mit der Bemerkung „Jude". Schriftführer Wilhelm Wulf schloss seinen Jahresbericht 1934 letztmalig mit der Floskel „Heil Hitler!"

Weiteres pikantes Beispiel: Am 22. Oktober 1935 mussten – auf Druck der Partei – trotz Protest von Kommando und dem größten Teil der Wehrkameraden, darunter auch besonnene alte NS-Parteimitglieder, die letzten beiden jüdischen Feuerwehrkameraden, Ehrenmitglied Josef Mayer und Leopold Nachmann, Mitglied seit 1898, ihren Austritt aus der Freiwilligen Feuerwehr Rastatt erklären.[31]

---

[30] Ladwig, a. a. O., S. 11.
[31] Grees, Berthold (Gesamtherstellung), Die Feuerwehr der Großen Kreisstadt Rastatt, in: Die Feuerwehren im Landkreis Rastatt, Rastatt 1979, S. 139.

Im Jahre 1935 gab das Reichsministerium des Innern (RMdI) bekannt, dass die Schlauchkupplungen auf die neue Reichsnormalkupplung A, B, C und D (Storz-Kupplung) umzustellen seien. Bis zu diesem Zeitpunkt hatten die Feuerwehren der einzelnen Länder unterschiedliche Normen verwendet, was eine Zusammenarbeit erschwert hatte.

Die bereits 1882 patentierte Storz-Kupplung ist eine symmetrische Kupplung. Die beiden Enden eines Feuerwehrschlauches besitzen ein identisches Kupplungsteil, sie werden nicht verschraubt, sondern mit einer Art Bajonett-Verschluss verbunden. Sie sind üblicherweise aus Aluminium, bei Hochdruckschläuchen sowie Saugschläuchen für Gefahrstoffpumpen jedoch aus Messing.[32]

Reichsweite Einführung der Storz-Kupplung

Die reichsweite Einführung zog sich schließlich bis 1938 hin. Immerhin mussten die ganzen Kupplungen an Spritzen und Schläuchen ausgetauscht werden.

Das Jahr 1936 brachte die ersten Anfänge zur reichseinheitlichen Gestaltung des Feuerlöschwesens. Um die aus Sicht der Nationalsozialisten dringend erforderliche Angleichung des Brandschutzrechtes außerhalb des Landes Preußen an dessen Regelungen über das Feuerlöschwesen zu erreichen und damit den Weg zu einer reichseinheitlichen Regelung zu bahnen, erließ der Reichs- und Preußische Minister des Innern mit Beginn des Jahres 1936 eine größere Anzahl einheitlicher Vorschriften für die Feuerwehren im Deutschen Reich. Er stützte sich hierbei auf das Gesetz über den Neuaufbau des Reichs vom 30. Januar 1934, das in seinem Paragraph zwei die Polizeigewalt der Länder auf das Reich übertrug.

Es erschienen mehrere Verfügungen, die die Neugliederung, Bekleidung und die Ausrüstung der Feuerwehren betrafen.

Mit Wirkung vom 1. Januar 1936 wurde das „Ministerial-Blatt für die Preußische Innere Verwaltung" (MBliV) in „Ministerial-Blatt des Reichs- und Preußischen Ministeriums des Innern" (RMBliV) umbenannt.

In Ergänzung zum preußischen Gesetz über das Feuerlöschwesen erließ das Reichsministerium des Innern am 12. Januar 1936 einen Runderlass, der die nichtpreußischen Länder aufforderte, sich der preußischen Neuordnung des Feuerlöschwesens anzuschließen und den Berufs- und freiwilligen Feuerwehren außerhalb des Landes Preußen eine möglichst enge Zusammenarbeit mit den Ortspolizeibehörden nahe legte.

---

[32] Der deutsche Architekt Guido Storz, er war von 1889 bis 1915 Ingenieur und Mitarbeiter des Unternehmens Zulauf & Cie., erkannte bei einem Brand in Konstanz die Schwierigkeit des Kuppelns von Schläuchen mit Verschraubungen und ließ sich nach eingehendem Studium der seit 1877 entwickelten Systeme von „Kupplungen mit gleichen Hälften" im Jahr 1882 eine Kupplung patentieren. Die Kaiserliche Marine und große deutsche Städte waren sofort von seiner Idee begeistert, und im Laufe der Jahrzehnte waren es auch Feuerwehren in aller Welt. Die „Storz-Kupplung" ist seit 1938 die Standardkupplung der deutschen Feuerwehr geblieben (vgl. Hornung, Wolfgang, Kleine Feuerwehrgeschichte – Brandschutz und Löschgerätetechnik von der Antike bis zur Gegenwart, Stuttgart 1965).

Uebungsplan
----
der Freiw. Feuerwehren für die Zeit vom 1.1.36 - 31.12.36.
(Satz 8 der Dienstvorschrift für Freiw. Feuerwehren).

Allgemeines:

Nach eingehender Beratung mit meinem Führerrat stelle ich nachstehenden Jahresübungsplan für die Freiw. Feuerwehren hiermit fest:

.) Um den Führern der Wehren genügend Selbständigkeit zu lassen und den örtlichen Verhältnissen besser entsprechen zu können, sind die Tage der Uebungen nicht angegeben. Auch bin ich damit einverstanden, dass bei besonderen Umständen der Dienst verschoben werden darf. Ich lege aber Wert darauf, dass die vorgeschriebenen Zeiten für den jeweiligen Dienst innegehalten werden. Dabei ist es nicht erforderlich, dass bei der speziellen Ausbildung als Wassertrupp, Schlauchtrupp oder Angriffstrupp stets die ganze Wehr anzutreten hat. Unter dem Gesichtspunkt der Ausbildung des Einheitsfeuerwehrmannes ist es nötig, dass jeder Mann für jeden Posten ausgebildet wird, und so empfehle ich, für diese Ausbildung höchstens in der Stärke eines Halbzuges anzutreten.

.) Die Ausbildung im Sanitäts- und Luftschutz verspricht nur Erfolg, wenn sie nach dem im Anhang ersichtlichen Plan durchgeführt wird.

.) Ungeachtet dieses Uebungsplanes bleibt es Pflicht, die Motorspritzen wöchentlich einmal kurz laufen zu lassen.

.) Jede Wehr hat ein Dienstbuch anzulegen. In dieses Buch ist der diensthabende Vorgesetzte kurz jeden abgehaltenen Dienst mit Angabe von Datum, Zeit, Beteiligungsstärke und Zahl der Fehlenden einzutragen. Bei Revisionen werde ich mir dieses Dienstbuch vorlegen lassen.

Januar:
(4 Stunden)

) Vorträge: Unfallverhütungsvorschrift, Unfallversicherung, Satzung f.Freiw. Feuerwehren, Bekleidungsvorschrift, Besprechung des Jahresdienstplanes;

) praktisch: 1/2 Stunde Fussdienst mit Grussübung.

Februar:
(6 Stunden)

1.Vorträge: Angriffstechnik (s.Dreiteilung des Löschangriffs Seite 151);

2.praktisch: Angriffsübung mit Kleingerät (Handfeuerlöscher, Kübelspritzen, Eimerspritzen, Patschen usw.);

Uebung der Kommandosprache auf der Brandstelle, verbunden mit Angriffsübung für Innenangriff, möglichst trocken (s.Dreiteilg.d.Löschangr. Seite 138).

Übungsplan der freiwilligen Feuerwehren vom 1. Januar bis 31. Dezember 1936. Stadtarchiv Celle 24G 168.
Repro: Blazek

Durch einen weiteren Erlass, vom 5. Februar 1936, erhielten sie für den Fall ihrer freiwilligen Unterwerfung unter den Ortspolizeiverwalter und die Polizeiaufsichtsbehörde die Anerkennung als öffentliche Feuerwehren im Sinne der Vorschriften des Reichs- und Preußischen Ministers des Innern.

In einzelnen Ländern ist die Angleichung auf heftigen Widerstand gestoßen, der sich hauptsächlich gegen die Einführung der Wahlen in die Wehrorganisation und damit gegen die Preisgabe des Führerprinzips sowie ferner gegen die Beibehaltung der Vereine und Verbände als Grundlage der Organisation des Feuerlöschwesens überhaupt richtete. Um die Wende des Jahres 1936/37 bestand Klarheit darüber, dass für eine reichseinheitliche Feuerlöschorganisation neue rechtliche Voraussetzungen geschaffen werden mussten.

Am 5. Mai 1936 bestätigte der Provinzialfeuerwehrführer in Celle (in Vertretung Stabführer und Adjutant Friedrich Windhorst) die Gliederung und Führernachweis der Freiwilligen Feuerwehr Helmerkamp (LK Celle). Unübersehbar findet sich aufgeklebt der Erlass des Provinzialfeuerwehrführers Walter Schnell in Celle vom 1. März des Jahres, wonach der Zusatz „kommissarisch" bis zum erfolgreichen Besuch der erforderlichen Lehrgänge an der Provinzial-Feuerwehrschule in Celle bestehen bleibe. Damit hob Kamerad Schnell die Bedeutung der 1931 in Celle geschaffenen Einrichtung noch einmal an, und das hatte einen guten Grund: Die Gründung am 26. April 1931 ist in besonderem Maße seiner Initiative und seinem Verhandlungsgeschick zu verdanken.

Durch Runderlass des Reichs- und Preußischen Ministeriums des Innern vom 8. Mai 1936 wurde reichseinheitlich die „Satzung der Freiwilligen Feuerwehren" eingeführt. Es etablierte sich der Begriff „Feuerlöschpolizei".

Fußdienst im Dienstplan verankert

Auf den Dienstplänen der Feuerwehren standen nun neben der feuerwehrtechnischen Ausbildung zunehmend auch militärische Formalausbildungen, wie Exerzieren, Marsch- und Geländeübungen. Mit dem besagten Erlass vom 8. Mai 1936 wurde der „Fußdienst" zum reichseinheitlichen Pflichtprogramm.

Neue Dienstgradeinteilungen wurden eingeführt, die bis heute erhalten geblieben sind, allerdings nur noch untergeordnete Bedeutung haben, ferner eine reichseinheitliche Uniform für die freiwilligen Feuerwehren (27. Mai 1936) und der Helm für die Feuerlöschpolizei mit zwei Abzeichen (Abziehbilder), wie sie ab dem 27. Juli 1936 üblich waren.

Beim neuen Helm wurden die Lüftungslöcher eingestanzt, bei dem Vorgängerhelm von M 1934 waren es noch gelochte Einsätze. Es kamen auch Wehrmachtshelme bei der Feuerwehr zum Einsatz, aber nur sehr selten. Es gibt auch Helme mit einem Nickelkamm.[33]

---

[33] Bargmann, Uwe, Helm der Feuerlöschpolizei mit beiden Abzeichen, http://www.militaria-lexikon.de.

Bestallungsurkunde.

Auf Grund der gemäß § 3 Abs. 2 des Feuerlöschgesetzes vom 15. Dezember 1933 - GSS. 484 - durch Verfügung vom 4. Juni 1936 - I. F. 402 - erteilten Ermächtigung des Herrn Regierungspräsidenten in Hannover bestelle ich den

........Arbeiter.Friedrich.S.c.h.m.i.d.t.......................

in ..Wiedensahl........................ geb. am .31.7.1882.....

in seiner Eigenschaft als ./. Löschmeister ....der

Freiwilligen Feuerwehr in ...Wiedensahl...........................

gem. § 13 des Polizeiverwaltungsgesetzes vom 1. Juni 1931
- G.S.S. 77 - jeder Zeit widerruflich zum

Hilfspolizeibeamten.

Nienburg/Weser, den 2. Oktober 1936.

Der Landrat.

Die Bestellungsurkunde für Friedrich Schmidt aus Wiedensahl zum Hilfspolizeibeamten wurde am 2. Oktober 1936 von Landrat Wilhelm von Reck; Nienburg, unterschrieben. Repro: Ortsfeuerwehr Wiedensahl

Vom 17. Juni 1936 datiert der Erlass über die Einsetzung eines Chefs der Deutschen Polizei im Reichsministerium des Innern. Ernannt wurde Heinrich Himmler (Auszug):[34]

I.

Zur einheitlichen Zusammenfassung der polizeilichen Aufgaben im Reich wird ein Chef der Deutschen Polizei im Reichsministerium des Innern eingesetzt, dem zugleich die Leitung und Bearbeitung aller Polizeiangelegenheiten im Geschäftsbereich des Reichs- und Preußischen Ministeriums des Innern übertragen wird.

II.

1. Zum Chef der Deutschen Polizei im Reichsministerium des Innern wird der stellvertretende Chef der Geheimen Staatspolizei Preußens, Reichsführer SS Heinrich Himmler, ernannt.

2. Er ist dem Reichs- und Preußischen Minister des Innern persönlich und unmittelbar unterstellt.

3. Er vertritt für seinen Geschäftsbereich den Reichs- und Preußischen Minister des Innern in dessen Abwesenheit.

4. Er führt die Dienstbezeichnung: Der Reichsführer SS und Chef der Deutschen Polizei im Reichsministerium des Innern.

An dem Provinzialfeuerwehrausmarsch am 20. und 21. Juni 1936 in Celle nahmen insgesamt über 5500 Feuerwehrmänner teil. Es war, wie in den Annalen der Freiwilligen Feuerwehr Celle nachzulesen ist, ein imposantes Bild, als auf dem „Saarfeld" in der Altenceller Vorstadt diese gewaltige Menge von Feuerwehrmännern in fünf Marschgruppen angetreten war. Es wurde auch erwähnt, dass die Organisation der Verpflegung hervorragend geregelt gewesen sei. In jeder Gaststätte gab es das gleiche Essen: Schweinebraten mit Suppe und Nachtisch zum Festpreis von 1,10 Reichsmark. Nachmittags fanden auf dem alten Jahn-Platz erstmalig Feuerwehrwettkämpfe statt, die sich auf Manneszucht und Schulübungen nach der Dreiteilung des Löschangriffs gründeten.[35]

Mit Erlass vom 26. Juni 1936 wurde der Geschäftsbereich der Deutschen Polizei in zwei Hauptämter, das Hauptamt der Ordnungspolizei und das Hauptamt der Sicherheitspolizei, aufgeteilt.

Auflösung des Deutschen Feuerwehrverbands 1936

In einer Sitzung wurde am 11. Juli 1936 der Deutsche Feuerwehrverband aufgelöst, da die nationalsozialistische Regierung jedes Verbandswesen unterbinden

---

[34] RGBl 1936 I Nr. 55 S. 487 f., vgl. Michaelis, Herbert; Schraepler, Ernst (Hrsg.), Ursachen und Folgen – Vom deutschen Zusammenbruch 1918 und 1945 bis zur staatlichen Neuordnung Deutschlands in der Gegenwart, Band 11, Berlin 1958-1979, S. 11.
[35] Hische; Schmidt, a. a. O., S. 73 f.

wollte. Die Auflösung wurde in der Hannoverschen Feuerwehr-Zeitung auf der Seite 231 des Jahrganges 1936 bekannt gegeben.[36]

Der Artikel „Auflösung des Deutschen Feuerwehrverbandes e.V." wird mit folgenden Worten eingeleitet: „Nachdem die Führer der größeren Feuerwehrverbände in den Feuerwehrbeirat, Körperschaft des öffentlichen Rechts, einberufen sind, ist dem Deutschen Feuerwehrverband durch Schreiben des Reichs- und preußischen Minister des Inneren (vom 8.5.1936-IIID6243/36) nahegelegt worden, die Auflösung zu beschließen. An die Stelle des Deutschen Feuerwehr-Verbandes tritt also in Zukunft der Feuerwehrbeirat, in dem die Berufs- und Freiwilligen Feuerwehren vertreten sind."

Nach dem verheerenden Brand der Gemeinde Öschelbronn bei Pforzheim am 10. September 1933, bei dem durch verschiedenartige Kupplungssysteme Schwierigkeiten bei der Löschhilfe auftraten, ordneten die Reichsministerien des Inneren und der Luftfahrt mit Erlass vom 11. September 1936 an, nur noch genormte Hydranten zu verwenden, bei Neubeschaffung von Feuerwehrgeräten die Normen zu berücksichtigen und bis zum 1. Januar 1938 alle Schlauchkupplungen auf normgerechte Ausführung umzustellen.[37]

Mit dem Gesetz zur Neuordnung des Feuerwehrwesens in Württemberg vom 18. September 1936 fand das preußische Feuerwehrrecht auch in Stuttgart Anwendung. Das bedeutete, dass der Verband eine völlig neue nach dem Führerprinzip ausgerichtete Satzung erhielt, die am 1. November 1937 in Kraft trat. Sein Name lautet nun Kreisfeuerwehrverband Stuttgart und war eine Körperschaft des öffentlichen Rechts. Diese Neuerung war jedoch nur von kurzer Dauer.[38]

Am 9. Dezember 1936 fand in Großmoor (LK Celle) eine Gemeindeversammlung statt, zu der neben 26 Gemeindemitgliedern auch Kreisfeuerwehrführer Ernst Buchholz, Oberbrandmeister Karl Beckmann, Nienhagen, und Hauptbrandmeister Karl Coldewe erschienen. Die Freiwillige Feuerwehr Großmoor sollte neu formiert werden, weil „gewisse Missstände" eingetreten waren. Bürgermeister Karl Gänshirt wies auf die Wichtigkeit des Feuerwehrwesens hin „und dass in Großmoor alles getan werden müsse, um auf diesem Gebiet auch vorwärts zu kommen". Der Kreisfeuerwehrführer gründete hierauf die Freiwillige Feuerwehr Großmoor und ernannte zum Führer unter Bestellung zum Löschmeister den 26-jährigen Landwirt Heinrich Stolte.

---

[36] Nach den Unterlagen der Berufsfeuerwehr Gera gibt es einen Beschluss des Ausschusses des Thüringer Feuerwehr-Verbands (ThFV) vom 17. Juli 1936, wonach die Auflösung des Deutschen Feuerwehrverbandes erst zum 31. März 1937 erfolgen sollte. (www.feuerwehr-gera.de/historisches.html.)

[37] Hornung, Wolfgang, Kleine Feuerwehrgeschichte – Brandschutz und Löschgerätetechnik von der Antike bis zur Gegenwart, 4. Auflage, Stuttgart 1965, S. 98 f. Die Brandkatastrophe von Öschelbronn, die am 10. September 1933 ausbrach, war ein Großfeuer, das über 24 Stunden lang dauerte und einen Großteil des Dorfes zerstörte.

[38] Stuttgart, 1936, 18. September, Hauptstaatsarchiv Stuttgart, Reg. Bl. 1936 S. 115, alte Signatur: A 38 Bü 26.

Die Feuerwehren hatten sich an verschiedenen Sammlungen zu beteiligen, wie beispielsweise die Sammlung für das Winterhilfswerk des Deutschen Volkes.[39] Ein Muss war die Unterstützung des „Tags der deutschen Polizei". Die Polizei hatte inzwischen soldatisch-militärischen Charakter erhalten, wie der Reichsführer SS und Chef der Deutschen Polizei im Reichsministerium des Innern, Heinrich Himmler, in seiner Rede am 15. Januar 1937, dem Vortag zum ersten „Tag der Deutschen Polizei" (16./17. Januar 1937),[40] betonte: Gegenüber ihrem unwürdigen Dasein als knüppelschwingendem „Büttel" der verhassten Weimarer Republik habe man nun „einen soldatischen Beamtenkörper" geschaffen, „dessen Träger wieder stolz darauf" seien, „die Uniform der Polizei zu tragen". Gleichzeitig wurde das Verschmelzen von Polizei und SS zu einem umfassenden staatlichen Kontrollapparat vorangetrieben.

„Dein Freund und Helfer"

„Die Polizei – Die Feuerwehren, dein Freund, dein Helfer! Dein Dank: Gib für das WHW am >Tag der Deutschen Polizei<" verhieß 1938 das Plakat für das Winterhilfswerk.[41] Die Tage der Deutschen Polizei wurden jeweils im Januar/Februar des Jahres durchgeführt, so am 28./29. Januar 1939, 17./18. Februar 1940, 16. Februar 1941 und am 15. Februar 1942.

> Am 20. Januar 1937 erging eine Beschwerde des Brandmeisters Heinrich Thiele, Freiwillige Feuerwehr Lachendorf (LK Celle), gegen Brandmeister Heinrich Meyer, Ahnsbeck. Sie war adressiert an den Kreisfeuerwehrführer und war wegen unsittlichen Ausdrückens von Meyer gegenüber Thieles Schwiegertochter, Else Bähre

---

[39] Das erste Winterhilfswerk des Deutschen Volkes (WHW), ein Sozialwerk als Instrument des NS-Regimes, wurde in einer Feierstunde im Propagandaministerium am 13. September 1933 von Reichskanzler Adolf Hitler und Reichsminister für Volksaufklärung und Propaganda Joseph Goebbels gemeinsam eröffnet.
[40] Der Leiter der Polizei-Abteilung im Reichs- und Preußischen Ministerium des Innern, Kurt Daluege (* Kreuzburg/Oberschlesien 15.09.1897, hingerichtet am 23.10.1946 in Prag durch den Strang), hatte bereits 1935 im Verlag Franz Eher Nachf., München, eine Schrift mit dem Titel „Tag der deutschen Polizei 1934" veröffentlicht. Auf 142 Seiten finden sich zahlreiche Fotos, Bilder und Beiträge von Adolf Hitler, Reichsinnenminister Wilhelm Frick, Heinrich Himmler, Hermann Göring usw. über Einsatz und Veranstaltungen der Polizei beim WHW 1934. Der Inhalt: An den Leser!, (ausführliches) Inhaltsverzeichnis, I. Seine Vorgeschichte, II. Aufrufe an die deutsche Polizei, Rundfunkansprachen, III. Kreuz und quer durch deutsche Polizeireviere, IV. In der Reichshauptstadt, V. Ein Erfolg, der für sich spricht!, VI. Dankesworte, Verzeichnis der Aufnahmen-Hersteller.
[41] Entwurf von Helmuth Ellgaard (1913-1980), Deutschland 1938.

in Ahnsbeck, im Verlauf einer Luftschutzübung in Ahnsbeck am 18. Januar 1937 niedergeschrieben worden.

Am 24. Januar 1937 fand im „städtischen Saalbau Union" in Celle unter der Leitung von Kreisfeuerwehrführer Buchholz eine Dienstversammlung der Pflichtfeuerwehren des Landkreises Celle statt. Auf der Tagesordnung standen Besprechung und Erklärung der Polizeiverordnung über die Pflichtfeuerwehren, Aushändigung der schriftlichen Ernennung und Verpflichtung, Bekanntgabe und Aushändigung des Übungsplanes für 1937, Verschiedenes. Nicht erschienen waren die Führer der Pflichtfeuerwehren von Hustedt, Beedenbostel, Jeversen, Hermannsburg, Bleckmar, Sülze, Weesen, Westercelle und Schmarbeck. Im Auftrage des Herrn Landrats eröffnete Kreisfeuerwehrführer Buchholz die Dienstversammlung und begrüßte die Kameraden und die zahlreich erschienenen Bürgermeister. Alljährlich sei es einmal nötig, sich über die Pflichtfeuerwehren auszusprechen, nicht nur, weil es von oben vorgeschrieben sei, sondern „weil wir im Landkreis Celle uns besonders einzustellen haben, ganz besonders wenn wir feststellen, welches Ausmaß der Landkreis Celle in wehrpolitischer Hinsicht genommen hat". Hieraus ergäben sich dann auch die Vorschriften, die herausgegeben seien. „Das Verhalten anderer Landkreise darf uns nicht als Beispiel dienen. Wir verlangen ja auch nicht, dass uns andere Landkreise als Beispiel nehmen sollen. Die zu erfüllenden Aufgaben zwingen unsern Landrat, die Pflichtfeuerwehren bestehen zu lassen." (Quelle: Stadtarchiv Celle 24G 168)

Nach Vorgesprächen im Jahre 1936 wurde der damalige Landesbranddirektor von Thüringen, Dr.-Ing. Johannes Meyer, Verfasser eines Technischen Lehrbuch für den Feuerwehrmann (1930, 1935), am 1. Februar 1937 mit Einrichtung eines Inspekteurs des Feuerlöschwesens als ersten Schritt für die Fachkompetenz des Reiches beauftragt.

Mit der Bildung von fünf Luftschutzgruppen – im Zivileinsatz Brandschutzämter genannt – wurde die territoriale Neugliederung bei der Berliner Feuerwehr am 20. Februar 1937 zunächst abgeschlossen. Halbzüge der Berliner Feuerwehr wurden gebildet und den jeweiligen Brandschutzämtern unterstellt.[42]

Fahrzeuge wurden „grün"

Die Unterstellung der Feuerwehr auf die Polizei wirkte sich auch auf die Farbgebung der Feuerwehrfahrzeuge aus. Die Fahrzeuge der Feuerwehren wurde bereits durch Erlass vom 1. März 1937 nicht mehr in rot, sondern in dunkelgrün

---

[42] Gläser, Heinz, Geschichte des Feuerlöschwesens und der Feuerwehr in Hohenschönhausen 1901-2001 – 100 Jahre Freiwillige Feuerwehr Berlin-Hohenschönhausen, Berlin 2001, S. 104. Dort ist auch der interessante Hinweis zu lesen: „16. Juni 1936 – Als erste Freiwillige Feuerwehr Berlins erhielten 18 Kameraden der FFw Falkenberg auf einer Veranstaltung im festlich geschmückten ‚Jägerheim' die SA-Sportabzeichen."

(tannengrün) lackiert, das Stadtwappen wurde durch das Hoheitsabzeichen der Polizei ersetzt:

Farbe der Feuerlöschfahrzeuge

Runderlaß des Reichsführers SS und Chef der Deutschen Polizei im Reichsmin. d. Inn. vom 1. 3. 1937 – O – Kdo T (2) 207 Nr. 4/37.

1. Die Fahrzeuge der Feuerlöschpolizei sind wie folgt zu lackieren:

a) Kraftfahrzeuge: Fahrgestell, Räder und Kotflügel schwarz glänzend. Aufbau dunkelgrün glänzend, Farbe Nr. 30 der Farbenkarte für Fahrzeuganstriche (RAL. Nr. 840B2).

b) Sonstige Fahrzeuge: Fahrgestell und Beschläge schwarz glänzend. Holzteile dunkelgrün glänzend, wie vorstehend angegeben.

2. Bei den vorhandenen Fahrzeugen ist eine Änderung des Farbanstriches erst bei notwendig werdendem Neuanstrich durchzuführen.

3. An den Feuerlöschfahrzeugen ist künftig nicht mehr das Stadtwappen, sondern das Hoheitsabzeichen der Polizei zu führen.

An alle Polizeibehörden, die Gemeinden und Gemeindeverbände. – RMBliV. S. 364.

Beachtenswert ist bei diesem Erlass das Datum 1. März 1937. Zu diesem Zeitpunkt gab es nur einen Entwurf des Preußischen Innenministeriums aus dem Jahr 1934, die Vorschriften des Preußischen Feuerlöschgesetzes auf ganz Deutschland auszudehnen mit dem Ziel, eine einheitliche Organisation des Feuerlöschwesens im Reich herbeizuführen. Dieser Entwurf ist nie veröffentlicht worden. Im Feuerwehrbeirat wurde daraufhin ein Angleichungsamt geschaffen, das sich für die Angleichung einsetzen sollte.[43]

Karl-Wilhelm Walter, Oberbrandmeister Neuzelle, Führer des Feuerwehrverbandes Guben, notierte am 31. März 1937:

Durch das Gesetz über das Feuerlöschwesen vom 15. Dezember 1933 sind die anerkannten Freiwilligen Feuerwehren in eine Polizeiexekutive besonderer Art umgewandelt worden. Die straffe Durchführung des Gesetzes hat die Freiwilligen Feuerwehren zu wertvollen disziplinierten Truppen gemacht, die ihre Anerkennung auch durch den Reichsführer SS und Chef der Deutschen Polizei in der Bezeichnung „Feuerlöschpolizei" gefunden haben. Es ist hierdurch die Vereinheitlichung des Feuerlöschwesen im Deutschen Reich bereits in Angriff genommen. Die Feuerlöschpolizei untersteht daher auch in Zukunft dem Herrn Reichsführer SS und Chef der Deutschen Polizei.

Neuorganisation in Schaumburg-Lippe

Das Jahr 1937 brachte die Neuorganisation des Feuerwehrwesens in Schaumburg-Lippe. Die alten Wehren in Schaumburg-Lippe wurden zu Jahresbeginn

---

[43] Gerlach, Carl-Wilhelm, Als die Feuerwehrfahrzeuge „grün" wurden, in: Chronik 125 Jahre Landesfeuerwehrverband Niedersachsen 1868-1993, Hannover 1993, S. 167.

aufgelöst. Ebenso wurde der Landesverband der Freiwilligen Feuerwehren in Schaumburg-Lippe, der zuletzt 26 Wehren mit 1703 Mitgliedern gezählt hatte, aufgelöst. Die beiden Kreisverbände Stadthagen und Bückeburg wurden wieder zusammengelegt und aus ihnen der neue „Kreisfeuerwehr-Verband Schaumburg-Lippe" gebildet. Der neue Kreiswehr-Verband gliederte sich in die fünf Freiwilligen Feuerwehren Stadthagen-Stadt, Bückeburg-Stadt, Stadthagen-Land I, Stadthagen-Land II und Bückeburg-Land. Der Führerrat bestand aus Oberbrandmeister Fritz Rintelmann aus Steinhude, Wehrführer Wilhelm Busche aus Nienstädt, Kreisfachwart Hauptbrandmeister Adolf Lochmann aus Bückeburg, dem Landrat und zwei Bürgermeistern.

In Löbau (LK Löbau-Zittau) fand am 31. Juli 1937 der 26. Sächsische Feuerwehrtag statt. Dieser war gleichzeitig der letzte Sächsische Feuerwehrtag.

1937 wurde daran gedacht, die freiwilligen Feuerwehren als „Feuerwehrstürme" in die SA zu übernehmen.

Fachblatt „Die Feuerlösch-Polizei"

Von 1937 bis 1939 erschien die Zeitschrift „Die Feuerlösch-Polizei (FLöschP) – Amtliche Zeitschrift für das gesamte Feuerlöschwesen", in der beispielsweise der Stellvertreter Himmlers als Chef der Deutschen Polizei im Innenministerium und Chef der Deutschen Ordnungspolizei, Kurt Daluege, Grundfragen zur Neuorganisation des Feuerlöschwesens (1937) erörterte.

Feuerwehrmänner und SA-Leute mussten auch in Hand in Hand arbeiten. Als am 5. September 1937 ein großes Stallungsgebäude mit einem Großteil der Heuernte des Gutes Hommelsheim (LK Düren) nieder brannte, war auch die SA im Einsatz. So verlautete in der Zeitung am 9. September, quasi als „Nachbrenner": „Bei dem Großfeuer in Hommelsheim hat – wie wir bereits kurz erwähnten – die SA. und zwar der Trupp 3 des Sturmes 12/161 erneute ihre ständige Einsatzbereitschaft unter Beweis stellen können. Der Trupp befand sich unter Führung des Oberscharführers Kurth auf dem Wege zum Dienst nach Eschweiler über Feld, als der Ausbruch des Schadensfeuers bemerkt wurde. Oberscharführer Kurth erteilte umsichtig seinen Männern den Befehl, helfend einzugreifen. Der tatkräftigen Hilfe der SA. ist es mit zu verdanken, daß der Brand nicht noch mehr Werte des Volksvermögens vernichtete. Auf Veranlassung des derzeitigen Führers des Sturmes 12/161, Truppführer Schmitz, wurde auch noch der Trupp 4 zur Löschhilfe eingesetzt. Jeder der Männer hat an seiner Einsatzstelle seine Pflicht gegenüber dem Volksganzen, ohne Rücksicht auf persönlichen Schaden, vorbildlich erfüllt."

In der „Heimatrundschau" im Burgdorfer Kreisblatt vom 22. November 1937 wurde über die zwei Tage zuvor abgehaltene Kreisführertagung berichtet. Interessant ist, dass es heißt: „Leider bestehen im Kreisgebiet noch immer 18 Pflichtfeuerwehren." Dass Landrat von Löhneysen die Verleihung von Ehrenzeichen für 25-jährige treue Dienstzeit mit ehrenden Worten vorgenommen habe, ist angegeben, namentlich sind die Geehrten aber nicht aufgeführt. Es handelte sich um die erstmalige Verleihung des neuen Feuerlösch-Ehrenkreuzes „an eine größere Anzahl Kameraden, denen auch an dieser Stelle ... Dank und Anerkennung ausgesprochen sei".[44]

Dr.-Ing. Johannes Meyer bewirkte, dass im November 1937 ein Amt „Feuerschutzpolizei" eingerichtet wurde. Mit der Leitung dieses Amtes wurde der Oberbaurat Dipl.-Ing. Walter Goldbach von der Berufsfeuerwehr Hannover beauftragt.[45]

Das Amt Feuerschutzpolizei wurde mit Erlass vom 25. November 1937 in folgende Sachgebiete untergliedert:

F 1 Allgemeine Organisation, Normungsangelegenheiten
F 2 Einsatz und Verwendung, Fahrzeuge und Zubehör
F 3 Personalangelegenheiten, Ausbildungsangelegenheiten
F 4 Bauwesen, Wasserversorgung, Nachrichtenwesen, Presseangelegenheiten

Der Organisationsplan des Amtes Feuerschutzpolizei änderte sich im Laufe des Krieges zweimal: Im Jahre 1940 wurde es in „Gruppe Feuerschutzpolizei" und 1943 in „Inspektion Feuerschutzpolizei" umbenannt.

Im Jahre 1937 gab der Bertelsmann-Verlag in Bielefeld kartoniert im Format DIN-A6 und im Umfang von 72 Seiten das Gesetz über den Feuerschutz im Lande Nordrhein-Westfalen (Gesetzestext mit Durchführungsbestimmungen) heraus.

Walter Schnell ging nach Berlin

Auf der Führerdienstbesprechung und Schulung der Kreisfeuerwehrführer der Provinz Hannover am 4. und 5. Januar 1938 berichtete Walter Schnell, dass, wie die Feuerwehrführer und Feuerwehrmänner aus der Provinz aus der „Hannoverschen Feuerwehr-Zeitung" ersehen hätten, ihm der Vorsitz des Amtes für Freiwillige Feuerwehren in Berlin mit der Maßgabe übertragen worden sei, seine Tätigkeit in Berlin auszuüben. Er habe sich entschlossen, dieses Amt auf ehrenamtlicher Basis für die Zeit von sechs Monaten zu übernehmen. Die vorläufige Führung der Dienstgeschäfte des Provinzial-Feuerwehrführers übertrug er auf den erst 43 Jahre alten Kreisfeuerwehrführer Ernst Buchholz aus Garßen, der zu

---

[44] Landrat war Rudolf Freiherr von Löhneysen, * Brunkensen bei Alfeld (Leine) 25.04.1883, † Burgdorf 09.02.1944, 30.09.1932 in den einstweiligen Ruhestand versetzt, am 01.10.1932 dann kommissarisch mit der Verwaltung des Landratsamts in Burgdorf beauftragt und im Dezember 1932 endgültig zum Landrat in Burgdorf ernannt, auf seinen Antrag trat er aus gesundheitlichen Gründen mit Wirkung vom 1. Dezember 1943 in den Ruhestand.
[45] Otto Adolf Walter Goldbach, Generalmajor, Kommandeur der Feuerschutzpolizei Berlin, verfasste mit Karl Reppert den Kommentar zum Gesetz über das Feuerlöschwesen vom 23. November 1938 (nebst Durchführungsverordnungen, Ausführungserlassen und sonstigen einschlägigen Bestimmungen), Berlin 1939 (2. Auflage: Stuttgart 1940, 3. Auflage: Stuttgart 1941), * 03.08.1898, † 26.04.1945, 15.06.1935 Oberbaurat, 01.11.1939 Ministerialrat, 31.07.1940 Oberst der Feuerschutzpolizei, 05.11.1943 Kommandeur der Feuerschutzpolizei Berlin, 01.12.1943 Generalmajor der Feuerschutzpolizei, 1944 SS-Standartenführer, 26.04.1945 vermutlich von der SS erschossen.

diesem Zweck durch den Herrn Oberpräsidenten in den Führerrat des Provinzial-Feuerwehrverbandes berufen wurde.[46]

Am 6. Januar 1938 übernahm Walter Schnell dann das spätere „Reichsamt Freiwillige Feuerwehren" (was ihm 1942 die Beförderung zum Generalmajor der Feuerschutzpolizei einbrachte).

Auf der Mitgliederversammlung des Feuerwehrverbandes der Provinz Hannover am 7. Mai 1938 wurde darauf hingewiesen, dass der Provinzial-Feuerwehrverband sich mit 300 Mann an dem rheinisch-westfälischen Feuerwehraufmarsch in Düsseldorf, wo 20000 Feuerwehrmänner aufmarschiert waren, beteiligt habe.

Mit Runderlass vom 7. Mai 1938 führte der „Reichsführer SS und Chef der Deutschen Polizei und Feuerlöschpolizei" (so diesmal der offizielle Titel) ein einheitliches Warnzeichen und blaues Kennlicht für die Dienstfahrzeuge der Polizei und der Feuerlöschpolizei ein.

Walter Schnell.

Verbandstag in Karlsruhe

Der Landesfeuerwehrverband Baden feierte am 15. Mai 1938 mit großem Programm in Karlsruhe sein 75-jähriges Bestehen. Rund 10000 Feuerwehrmänner aus Baden kamen am 14./15. Mai in die „Gauhauptstadt". Man wollte der Öffentlichkeit vor Augen führen, „daß in den badischen Feuerwehren eine soldatisch disziplinierte Truppe im Dienst der Allgemeinheit steht, die ihre Aufgaben in der Volksgemeinschaft nach nationalsozialistischen Gesichtspunkten in selbstloser, aufopfernder Weise erfüllt".[47]

In Heyrothsberge wurde am 22. Mai 1938 die Feuerwehrschule der Provinz Sachsen, die heutige Brandschutz- und Katastrophenschutzschule, gegründet, um nun den freiwilligen Feuerwehrleuten ein solides Wissen zu vermitteln.

---

[46] Kreisfeuerwehrführer Ernst Buchholz, Garßen, geboren am 13. November 1894 zu Ramhorst (LK Burgdorf), nahm am Ersten Weltkrieg 1914-1918 teil, wurde fünf Mal verwundet, 50 Prozent kriegsbeschädigt, Leutnant der Reserve und erhielt das eiserne Kreuz I. und II. Klasse (Nds. HptStA Hann. 122a Nr. 2937), und er war Mitbegründer und 1. Kommandeur der Freiwilligen Feuerwehr Garßen 1921 bis 1934. Buchholz wurde am 14. Februar 1934 durch den Landrat zum Kreisfeuerwehrführer bestellt. Er löste Kreisbrandmeister Paul Müller aus Celle ab, der sein Amt aus Altersgründen niederlegen musste (Gesetz vom 15.12.1933). Dank seiner unermüdlichen, geschickten und eifrigen Tätigkeit stieg die Zahl der Freiwilligen Feuerwehren im Kreis Celle von
28 mit 1338 Mitgliedern am 1. Juni 1934 auf
71 mit 2400 Mitgliedern am 1. Juni 1936.
1938 wurde Ernst Buchholz zum Provinzial-Feuerwehrführer berufen. Als „Hauptmann des Beurlaubtenstandes" stand er von Beginn des Krieges an im Felde und kehrte nicht wieder zurück.

[47] Grau, Ute; Guttmann, Barbara, Gegen Feuer und Flamme – Das Löschwesen in Karlsruhe und die Berufsfeuerwehr, Veröffentlichungen des Karlsruher Stadtarchivs, Band 23, Karlsruhe 2001, S. 127.

Zahlreiche Feuerwehrdelegationen wohnten der feierlichen Übergabe der Räumlichkeiten als Landesbildungseinrichtung bei, darunter die Wehren Kalbe (Milde) und Naumburg. Vom Beginn an bis zum 16. Februar 1945 war der Ingenieur Feuerlöschdirektor Hermann Scholz Leiter der Feuerwehrschule der Provinz Sachsen. Heyrothsberge galt seinerzeit als eine der am besten eingerichteten Ausbildungsstätten der Feuerwehren Deutschlands.[48]

Die Einweihung der Provinzial-Feuerwehrschule Heyrothsberge nutzte der Chef der Ordnungspolizei, um die geplante „Neuordnung des Deutschen Feuerlöschwesens" zu erörtern. In seinen Einführungsworten führte der General der Polizei aus: „Wenn die Feierstunde über den üblichen Rahmen hinaus eine Bedeutung erhält, so besteht sie darin, dass aus dem ganzen Großdeutschland auf meine Bitte hin die Führer der Freiwilligen Feuerwehr hier zusammengekommen sind, um zum ersten Mal die neue Marschrichtung für die Umorganisation des gesamten Feuerlöschwesens in großen Zügen zu erfahren."

Hier folgen die wesentlichen Punkte seiner Rede:

Schon bei der Übernahme der Macht 1933 sei versucht worden, eine reichseinheitliche Regelung des Feuerlöschwesens zu schaffen.

... nicht die Frage aufzuwerfen, ob der Vereinscharakter der Wehren mit dem Grundsatz der Schaffung einer straff organisierten, vom Führerprinzip geleiteten Feuerwehrtruppe in Einklang zu bringen ist

... Wir wollen eine straffe Organisation, vom Führerprinzip geleitet, reichseinheitlich gestaltet, eine von geschulten Kräften, die zum größten Teil ehrenamtlich ausgewählt werden, geführte Truppe unter der notwendigen staatlichen Aufsicht schaffen.

Die Pflicht- und freiwilligen Feuerwehren werden eine Hilfspolizeitruppe in der Hand der Bürgermeister als Ortspolizeiverwalter.

Die Führer der Feuerwehren als Hilfspolizeiorgane werden aus den bewährten und geschulten Wehrführern, das heißt, also aus den eigenen Reihen des Korps selbst genommen.

Ich kann Ihnen, meine Kameraden, als der vom Reichsführer SS und Chef der Deutschen Polizei verantwortlich für das gesamte Feuerwehrwesen in Deutschland eingesetzte Führer versichern, dass Sie in kürzester Zeit als nunmehr aktiver Teil der Polizei und als Hilfspolizei so im gesamten deutschen Polizeikorps verankert sein werden, wie es die Polizei heute im Staate und in der Bewegung ist.

Mit Schreiben vom 22. Juni 1938 übersandte Landrat Wilhelm Heinichen in Celle den Bürgermeistern des Kreises Celle den Runderlass des Reichsführers

---

[48] Feuerwehrschule: Wechselvolle Geschichte – Vor 65 Jahren wurde in Heyrothsberge die Feuerwehrschule der Provinz Sachsen gegründet, 1. Teil, Zeit von 1938 bis 1945, in: UB Feuerwehr – Retten, Löschen, Bergen 4/2003, Sechzig Jahre Aus- und Fortbildung in Heyrothsberge, BRANDSchutz 4/1998, 362.

SS und Chefs der Deutschen Polizei vom 28. April 1938, betreffend Teichschau, mit dem Ersuchen, sofort das Erforderliche zu veranlassen. Alle Löschwasserstellen waren nunmehr mit einer Tafel kenntlich zu machen, die einen roten Rand haben und folgende Beschriftung aufweisen sollte:

> Löschwasserstelle.
> Verunreinigung und mißbräuchliche Benutzung werden bestraft.
> Die Ortspolizeibehörde.

Die Schilder sollten „in allernächster Zeit" vom Landratsamt aus zugehen. Auch wies der Landrat darauf hin, dass alljährlich in den ersten Tagen der Monate April und Oktober mit dem Führer der örtlichen Feuerwehr eine Teichschau vorzunehmen war.

Der für den 17. und 18. September 1938 in Osnabrück geplante 2. Provinzial-Feuerwehraufmarsch wurde wegen der um sich greifenden Maul- und Klauenseuche „bis auf weiteres" verschoben. Nach den vorliegenden Informationen fand auch kein weiterer Provinzial-Feuerwehraufmarsch mehr statt.[49]

Kursus an der Feuerwehrschule Celle vom November 1938. Foto: Christoph Freiherr von dem Bussche

In der Nacht vom 9. auf den 10. November 1938 erteilte die Gestapoführung Anweisungen zur Zerstörung jüdischer Geschäfte und der Brandstiftung an Synagogen. Es sollte derart dargestellt werden, dass sich der „Volkszorn" entladen

---

[49] Wilkens, a. a. O., S. 164.

hätte.

Trotz der zentralen Steuerung waren die Anweisungen nicht überall eindeutig beziehungsweise wurden unterschiedlich umgesetzt. Insbesondere die Einsatzkräfte von Polizei und Feuerwehr handelten sehr unterschiedlich. Teilweise wurden sie am Ausrücken gehindert, teilweise am Löschen der Synagogen. Im Allgemeinen haben sich die Feuerwehren in der „Reichskristallnacht" darauf beschränkt, die Nachbargebäude der jüdischen Gotteshäuser vor dem Übergreifen der Flammen zu schützen.

In manchen Orten unterstützten die Kommandanten, die vielerorts Mitglieder der NSDAP waren, die Schergen der Partei. In dieser von Angst geprägten Zeit hing das Verhalten der Organisation oft vom Verhalten der (gleichgeschalteten) Führung ab. Somit war in der Nacht, in der Hunderte getötet und Tausende verhaftet wurden, vielerorts Untätigkeit oder striktes Umsetzen der Befehle der Reichsführung die Folge. Auch wenn es vereinzelt wohl Widerstand gab, so spiegelte sich in den Feuerwehren das Verhalten der Bevölkerung wider.[50]

Reichsgesetz über das Feuerlöschwesen

Im Zuge der Kriegsvorbereitungen wurde im November 1938 das Feuerlöschwesen reichsweit neu geregelt. Nur zwei Wochen nach den Novemberpogromen erließ die Reichsführung am 23. November 1938 das Reichsgesetz über das Feuerlöschwesen (Reichsfeuerlöschgesetz).[51] Vielleicht spielte auch das teils unentschlossene und unterschiedliche Verhalten der Feuerwehren in der Pogromnacht eine Rolle.

Wichtiger war jedoch die Kriegsvorbereitung. Schon in der Präambel des neuen Gesetzes hieß es, dass die Feuerwehr unter die staatliche Aufsicht nach dem Führerprinzip gestellt würde. Befehlshaber aller Feuerwehren war nun der Reichsführer SS und Chef der Deutschen Polizei.

Das Führerprinzip setzte demokratische Spielregeln außer Kraft. Die Führungsfunktionen wurden nicht mehr durch Wahl, sondern durch Vorgesetztenbeschluss besetzt. Führungsfunktionen konnten letztlich nur noch ausüben, wer Parteimitglied war und die Ziele der NSDAP unterstützte. Die Berufsfeuerwehren wurden zur Feuerschutzpolizei, freiwillige Feuerwehren erhielten den Status einer Hilfspolizeitruppe.

In nur acht Paragraphen wurde mithilfe des neuen Gesetzes alles Vorhandene abgeändert oder ausgelöscht. In der Präambel verlautete also:

> *Die wachsende Bedeutung des Feuerlöschwesens vor allem für den Luftschutz erfordert, daß schon seine friedensmäßige Organisation hierauf abgestellt wird. Hierzu ist nötig die Schaffung einer straff organisierten, vom Führerprinzip geleiteten, reichseinheitlich gestalteten, von geschulten*

---

[50] Zur damaligen Rolle der Feuerwehr lies ausführlich: Landesarchiv NRW, 9.11.1938 – Reichspogromnacht in Ostwestfalen-Lippe, Begleitheft zur Ausstellung, Detmold 2008.
[51] Reichsgesetzblatt I Seite 1662.

Kräften geführten Polizeitruppe (Hilfspolizeitruppe) unter staatlicher Aufsicht.

Weiter heißt es im Paragraph 6: „Die von den freiwilligen Feuerwehren gebildeten Vereine und Verbände werden aufgelöst. Der Reichsminister des Innern bestimmt den Zeitpunkt der Auflösung und regelt die Rechtsnachfolge. An die Stelle der Vereine tritt eine nach Löscheinheiten gegliederte Hilfspolizeitruppe, deren Organisation der Reichsminister des Innern bestimmt. Der freiwillige Dienst in dieser Hilfspolizeitruppe ist ein ehrenvoller, opferbereiter Einsatz für die deutsche Volksgemeinschaft."

Im ersten Abschnitt hieß es, dass der Reichsminister des Innern bestimmen würde, welche Gemeinden eine Feuerschutzpolizei einzurichten hatten (in der Regel Gemeinden über 100000 Einwohnern). Die Feuerschutzpolizei war die 4. Sparte der uniformierten Vollzugspolizei neben der Schutzpolizei des Reiches, der Gendarmerie und der Schutzpolizei der Gemeinden.

„Feuerlöschpolizei"

Mit diesem Gesetz hörte die Freiwilligkeit in der Feuerwehr auf, und so entstand der neue, von allen Kameraden mit Widerwillen aufgenommene Begriff „Feuerlöschpolizei". Das Gesetz trat am 23. Dezember 1938 in Kraft.

Anders als bei den Berufsfeuerwehren, die nunmehr offiziell als Feuerschutzpolizei bezeichnet wurden, blieben die Begriffe freiwillige Feuerwehr, Pflichtfeuerwehr und Werkfeuerwehr (sie wurden allesamt im zweiten Abschnitt des Gesetzes beschrieben) erhalten. Auf Kreisebene wurde der „Kreisführer der Freiwilligen Feuerwehr als feuerwehrtechnischer Aufsichtsbeamter" eingerichtet.

Gleichzeitig – und auch das war neu – verpflichtete man die Gemeinden zur Ausrüstung und Unterhaltung ihrer Ortswehren: „Die Beschaffung und Erhaltung der für die freiwilligen Feuerwehren und Pflichtfeuerwehren erforderlichen Löschgeräte und sonstigen Anlagen, ihre Uniformierung und Ausbildung ist Aufgabe der Gemeinden."

Im Kommentar zu dem Reichsfeuerlöschgesetz wird vermerkt: „Die Feuerwehrverbände mögen ihre Berechtigung gehabt haben zu einer Zeit, in der sich der Staat um die Feuerwehren nicht bekümmert hat. Mit der Verlagerung und Ausweitung des Aufgabenkreises der Feuerwehren (Luftschutz) und den hieraus sich ergebenden, ums Vielfache gesteigerten Anforderungen war zwangsläufig die Forderung nach neuen, strafferen Organisationsformen verbunden. Prüft man die Satzungen der Verbände auf die von ihnen wahrzunehmenden staatlichen Aufgaben im einzelnen nach, so ergibt sich, daß sie völlig entbehrlich sind."

Und weiter: „Die Schlagkraft der Feuerwehren kann eben weder durch Majoritätsbeschlüsse von Feuerwehrvereinen noch durch Majoritätsbeschlüsse von Verbänden gewährleistet werden."

Auflösung des Preußischen Beirats langfristig geplant

Die Auflösung des Preußischen Feuerwehrbeirats war bereits langfristig geplant gewesen. Seine Aufgabe bestand darin, den Minister des Innern in allen Angelegenheiten des Feuerlöschwesens und der Feuerverhütung zu beraten und die Provinzial-Feuerwehrverbände bei den ihnen obliegenden Aufgaben zu unterstützen. Es bestand aus einem Amt für Berufs- und einem Amt für Freiwillige Feuerwehren, sowie einem Technischen Amt, dessen Aufgabe es war, Feuerlöschgeräte zu prüfen und zu begutachten. Infolge der Abordnung zahlreicher Berufsfeuerwehroffiziere in die Zentralinstanz und der unmittelbaren Verankerung des Amtes für Freiwillige Feuerwehren bei der Dienststelle des Reichsführers SS und Chefs der Deutschen Polizei im Reichsministerium des Innern wurde der Feuerwehrbeirat entbehrlich. Der Technische Ausschuss, dessen Aufgaben zunächst einer Abteilung des „Reichsvereins Deutscher Feuerwehringenieure" übertragen wurden, sollte zu einem späteren Zeitpunkt in die geplante Technische Polizeiakademie in Braunschweig eingegliedert werden.[52]

Aus dem Kommentar von Reppert/Goldbach.

Die zentralen Reichsstellen waren bis Kriegsende bemüht, die Verbindung der freiwilligen Feuerwehren mit der Polizei noch enger auszubauen und beabsichtigten, die gesamte freiwillige Feuerwehr neben der Unterstellung unter die Ordnungspolizei auch noch personell in ein Reserveverhältnis zur Feuerschutzpolizei zu bringen. Nach der Verabschiedung des Reichsfeuerlöschgesetzes folgte unter dem Hoheitsabzeichen der Polizei die Aufschrift „Feuerschutzpolizei", „Freiwillige Feuerwehr", „Pflichtfeuerwehr" oder „Werkfeuerwehr", darunter der Name der Heimatgemeinde. Unter Werkfeuerwehr stand jedoch zunächst der Name des Werkes.

---

[52] Gerlach, a. a. O., S. 169.

Ergänzend wurde darauf hingewiesen, dass in größeren Städten neben den Fahrzeugen der Feuerschutzpolizei und der freiwilligen Feuerwehr luftwaffeneigene Fahrzeuge des SHD (Sicherheits- und Hilfsdienstes) im Einsatz waren. Diese Fahrzeuge waren nicht grün, sondern luftwaffengrau.

Am 2. Dezember 1938 verlautete in der Presse in einer Pressemitteilung aus Berlin:

Die Feuerschutzpolizei
Gesetzliche Neuordnung des Feuerlöschwesens

Der Chef der Ordnungspolizei, General Daluege, sprach am Mittwoch vor Pressevertretern als Beauftragter des Reichsführers SS. und Chefs der Deutschen Polizei für die Neuorganisation des Feuerlöschwesens über das neue Feuerlöschgesetz.

Das Feuerlöschwesen hat, so stellte er fest, im Rahmen seiner bisherigen Organisation die ihm gestellten gemeinschaftlichen Aufgaben bei einer ständigen Steigerung der Leistungen erfolgreich gelöst. Aber auch für die allgemeine Landesverteidigung sind auf diesem Gebiet Aufgaben und Pflichten erwachsen, die bei dem Grundsatz sparsamster Menschenverteilung im Falle eines Krieges und bei der entsprechenden friedensmäßigen Vorbereitungsarbeit nur gelöst werden können, wenn die Organe des Feuerlöschwesens mit den anderen für die allgemeine Sicherheit und Ordnung zuständigen staatlichen Stellen und ihren Hilfsorganen führungsmäßig und organisatorisch klar zusammengefaßt werden.

Nach langer Durchberatung aller Fragen mit den zuständigen Dienststellen des Staates, der Partei und der Wehrmacht ist jetzt das neue Reichsgesetz über das Feuerlöschwesen geschaffen und vom Führer in Kraft gesetzt worden, durch das das Feuerlöschwesen eine einheitliche Reichsorganisation erhält.

Entsprechend dem nationalsozialistischen Führerprinzip werden die bisherigen Berufsfeuerwehren nach näheren Bestimmungen des Reichsministers des Innern als ordentliche Gemeindepolizei in die Feuerschutzpolizei übergeleitet. aus den freiwilligen Feuerwehren wird unter Beibehaltung ihrer Bezeichnung eine Hilfspolizeitruppe geschaffen. Während somit die bereits hauptamtlich tätigen Berufsfeuerwehren als Feuerschutzpolizei in ihrer Stellung staatlich verankert werden, übernimmt das Gesetz bewußt für die als Hilfspolizeitruppe eingesetzten Feuerwehren den bewährten Grundsatz der Freiwilligkeit, denn zur Bewältigung aller im Feuerlöschwesen erwachsenen Aufgaben ist ein Millionenheer von Kräften notwendig, die aus freiem Willen jederzeit, wenn die Pflicht sie ruft, einsatzbereit sind.

Dem Reichsfeuerlöschgesetz war eine Reihe von Runderlassen vorausgegangen. Die vom 1. Januar 1939 an gültige Polizeidienstvorschrift PDV 23 „Ausbildungsvorschrift für den Feuerwehrdienst" (AVF) erschien in kleinen schwarzen Heftchen im Taschenbuchformat nacheinander in ungeordneter Folge: I. Teil:

Der Löschangriff, Abschnitt E: Führungszeichen (gültig ab 01.02.1939), B: Die Gruppe, C: Der Zug (01.05.1939) und später II. Teil: Der Gasschutz.

Im Interesse einer einheitlichen Grundausbildung sind vom 1.1.1939 ab alle Angehörigen der Feuerschutzpolizei und der Feuerwehren und die für den Feuerlöschdienst bestimmten Ergänzungskräfte des Sicherheits- und Hilfsdienstes nach der Vorschrift „Die Gruppe" auszubilden. Zur Ausbildung sind also auch diejenigen Mannschaften heranzuziehen, die z.B. anderen taktischen Einheiten (Zweifahrzeuglöschzug, Dreifahrzeuglöschzug, Großbrandlöschzug u.a.) oder Sonderfahrzeugen zugeteilt sind.

Die Ausbildungsvorschrift für den Feuerwehrdienst machte die bis dahin nur in Preußen gültige dreiteilige Brandbekämpfungstaktik (Angriffstrupp, Wassertrupp, Schlauchtrupp) zum Standard.

Die Freiwillige Feuerwehr Ahnsbeck, am 21. Februar 1935 unter der Leitung von Landwirt Heinrich Meyer ein zweites Mal gegründet, im Jahr des Kriegsausbruchs 1939. Foto: Erika Heuer

Im Heftchen I E (Führungszeichen) verlautete:

Führungszeichen für Fahrten im geschlossenen Verbande

(10) Schallzeichen.
  Der Befehl „Gasmaske aufsetzen!" wird durch andauerndes Betätigen der Fahrzeugfanfaren und =glocken gegeben (s. auch Zeichen nach Ziff. (7) Nr. 11 und Ziff. (11) Nr. 14).
  Der Befehl „Fliegerdeckung!" wird durch Abgabe des Zeichens –_–_– gegeben.
  (S. auch Zeichen nach Ziff. (7) Nr. 12 und Ziff (11) Nr. 9.)

Neues Fachblatt

Die „Zeitung für das Feuerlöschwesen" wurde durch die im Auftrag des Reichsführers SS, Heinrich Himmler, und des Chefs der deutschen Ordnungspolizei im Reichsministerium des Innern, General der Polizei Kurt Daluege, herausgegebene Zeitung „Deutscher Feuerschutz" ersetzt. Eine gewisse Unabhängigkeit blieb den freiwilligen Feuerwehren nur deshalb erhalten, weil der Staat die Kosten für die Kontrollorgane, die bisher aus den Mitgliedsbeiträgen finanziert worden waren, nicht aufbringen konnte. Im Jahre 1940 erging deshalb der Erlass, „den Freiwilligen Feuerwehren ein Innenleben zur Erhaltung ihrer Freiwilligkeit zu belassen".

1939 sah der einheitliche Dienstplan für die Feuerwehren im Landkreis Celle neben den Feuerwehrübungen unter anderem vor: Appelle in Uniform und Ausrüstungsstücken, Fußdienst, Verteidigungsübungen nach Grundsätzen des Luftschutzes, Alarmübungen in der Dunkelheit, Planspiele über Alarmierung, Gasschutz.

Nach einem ergangenen Funkspruch des Reichsführers SS und Chefs der Deutschen Polizei ordnete der Kreisfeuerwehrführer am 31. Mai 1939 gegenüber den Führern der Feuerwehren im Landkreis Celle an, dass alle Feuerwehren des Landkreises sich an waldbrandgefährdeten Sonn- und Feiertagen von 8–21 Uhr mit einem Drittel ihrer Stärke in erhöhter Alarmbereitschaft zu halten hatten. Das hieß, die Männer hatten Uniformrock, Koppel und Helm griffbereit aufzuhängen, Stiefel zu tragen und sich möglichst zu Hause oder in unmittelbarer Nähe aufzuhalten. Der Führer der Wehr konnte im Einvernehmen mit seinem Bürgermeister die Bereitschaftsstärke erhöhen. Er sorgte für gerechten Wechsel und ausreichende Führerbesetzung. Im Falle eines Alarmes war diese Bereitschaft als Stoßtrupp zu betrachten. Das sollte nicht ausschließen, dass durch fortgesetzten Alarm alle geeigneten Personen zur Hilfeleistung herangeholt wurden.[53]

Kraftspritze 25 diente Luftschutzzwecken

Die ab 1939 gebaute und für Luftschutzzwecke in großen Stückzahlen beschaffte Kraftspritze 25 (KS 25, Baumuster 1936), ab 1941 auch „Großes Löschgruppenfahrzeug 4500" genannt, war das größte Löschgruppenfahrzeug der Feuerschutzpolizei in Deutschland. Es hatte einen 100-PS-Motor und eine Pumpenleistung von 2500 Litern in der Minute. Neu angeschaffte

---

[53] Moneke, Peter-Andreas; Wegener, Oliver; Schmidt, Stefan, Chronik Freiwillige Feuerwehr Westercelle 1893-1993 (Festschrift zum 100-jährigen Bestehen, Celle 1993), S. 96.

Fahrzeuge waren ab 1938 lindgrün und trugen die Aufschrift „Feuerschutzpolizei" auf den Türen.

Für den Aufbau der großen Löschgruppenfahrzeuge und Kraftspritzen 25 waren Fahrgestelle der Firmen Mercedes-Benz und Klöckner-Humboldt-Deutz (KHD) vorgesehen. In Ausnahmefällen aber erfolgten auch Aufbauten auf anderen Fahrgestellen, wie hier das Büssing. Die Ausstattung war identisch mit denen anderen KS 25. Aus Gründen der vereinfachten Lagerhaltung und Instandsetzung und auch bestimmter Bindungen zu ausgewählten Firmen der Feuerlöschindustrie hielten sich große Städte vorzugsweise ihre Fahrzeuge. Lösch- und Sonderfahrzeuge auf Büssing-Basis waren zum Beispiel in Leipzig besonders präsent.

Lehrgang an der Feuerwehrschule Celle Ende der 1930er Jahre, vor Haus 13. Bildmitte rechts, von rechts: Brandmeister Fleer, Wilhelm Flachsbart, rechts außen: Brandmeister Hoppenstedt (3. Reihe). Foto: Karl-Georg Flachsbart

Am 17. und 18. Juni 1939 veranstaltete der Landesverband Hessischer Freiwilliger Feuerwehren in Neu-Isenburg (LK Offenbach) den 29. Landesfeuerwehrtag. Zu diesem Ereignis hatte Landesfeuerwehrführer Eugen Müller am 1. März des Jahres eingeladen, kurz nach dem Verbandstag gab er dann die Auflösung des Landesverbands und der Kreisverbände bekannt.[54]

---

[54] Lücker, Heinz (Recherche); Schamberger, Rolf (Bearbeitung), Der alte Hessische Landesfeuerwehrverband – Vom großherzoglichen Landesfeuerwehrverband zum Bezirksfeuerwehrverband des Bundeslandes Hessen, in: Alle Kraft der Feuerwehr – 50 Jahre Landesfeuerwehrverband Hessen, Wiesbaden 2004, S. 36.

Zahlreiche Runderlasse und Durchführungsverordnungen

Das Gesetz über das Feuerlöschwesen vom 23. November 1938 hatte das gesamte Feuerlöschwesen im Reich reglementiert. In den zahlreichen Runderlassen und Durchführungsverordnungen wurden nicht nur organisatorische und personelle Angelegenheiten geregelt, sondern auch Anordnungen über den Bau von Feuerwehrfahrzeugen, Einführung verbindlicher Normen des Feuerlöschwesens, Verordnungen über den vorbeugenden Brandschutz, einheitliche Bekämpfung von Hochwasser- und Eisgefahr, Feuerschutz und vieles mehr.

In Runderlassen wurden unter anderem auch die einheitliche Führung der Wehrkasse in den freiwilligen und Pflichtfeuerwehren geregelt. Hierfür waren drei bis vier Bogen ausreichend, für die ein Betrag von 0,60 bis 0,70 Reichsmark aus der Wehrkasse entnommen werden durften.

Im Runderlass für Reisekosten und Finanzierung, Fährgeld, wurde ein Musterausweis für Fährgeldbefreiung vorgestellt. Neben der Bestimmung über Dienstgradbezeichnungen für die Feuerschutzpolizei und für die Feuerwehren gab es einen Runderlass über das Rauchverbot für Uniformträger auf Straßen und in Diensträumen mit Publikumsverkehr.

Mit dem Runderlass vom 28. August 1939 wurde mitgeteilt, dass die freiwilligen Feuerwehren eine technische Hilfspolizeitruppe geworden sind und sich bei Kundgebungen, Aufmärschen, Feiern und so weiter als geschlossene Gruppen zu beteiligen hatten. Das Anlegen von Vereinsschärpen zur Polizeiuniform und das Mitführen von Vereinsfahnen und -bannern beim Auftreten in Polizeiuniform wurden verboten.

Hermann Freiherr von dem Bussche-Haddenhausen: Er wurde am 3. Januar 1938 Direktor der Provinzialfeuerwehrschule Celle. 55

In weiteren Runderlassen wurde das SS-Liederbuch auch für die Feuerwehren eingeführt; Präsentiermarsch der Deutschen Polizei einschließlich der Feuerwehren wurde der Marsch „Schutz und Trutz" für Musikkorps und Spielmannszug von Oberstleutnant der Schutzpolizei Wilhelm Schierhorn (1886-1968). In einem weiteren Runderlass wurde die Pflege des Marsch- und Chorgesangs geregelt. An jedem Standort, an dem ein Musikkorps der uniformierten Ordnungspolizei als dienstliche Einrichtung oder freiwillige Vereinigung bestand, waren Sängergruppen dienstlich einzurichten.

---

55 Direktor Ing. Freiherr von dem Bussche-Haddenhausen, Hermann, * Offenburg/Baden 14.01.1900, Vertreter des Abschnittsinspekteurs der Freiwilligen Feuerwehr -Provinz Hannover-, Eintritt in die Feuerwehr 01.01.1924, 01.04.1929-31.12.1938 Sachbearbeiter für das Feuerlöschwesen bei der Landschaftlichen Brandkasse Hannover, 03.01.1938-28.12.1964 (†) Direktor der Hannoverschen Provinzialfeuerwehrschule Celle (Taschenbuch für deutsche Feuerwehringenieure 1943).

Hofansicht der damaligen Feuerwehrschule der Provinz Sachsen 1938.
Foto: BKS Heyrothsberge

Kursus an der Feuerwehrschule Celle, ca. 1939. In der Bildmitte: Feuerwehrschuldirektor Hermann von dem Bussche.   *Foto: Christoph Freiherr von dem Bussche*

*Rekonstruktion der Reichstagsbrandstiftung /
Ein besonderes Beispiel von Nazi-Provokation*

Der Reichstagsbrand am 27. Februar 1933

Das dunkelste Kapitel der deutschen Geschichte begann mit einem Großbrand in Berlin: Am Abend des 27. Februar 1933 brannte der Reichstag. Obwohl die Berliner Feuerwehr mit 15 Löschzügen anrückte, brannte der Plenarsaal völlig aus.

„Der Großbrand führte auch zum Untergang von Demokratie und Rechtsstaat in Deutschland und zur Errichtung der totalen NS-Diktatur mit all ihren apokalyptischen Folgen bis hin zu Weltkrieg und Judenvernichtung."[56]

Welche weit reichenden politischen Folgen dieser Brand haben sollte, war in dieser Nacht wohl niemandem klar. Als Brandstifter wurde der holländische Kommunist Marinus van der Lubbe festgenommen.

Kurz nach Festnahme trafen Adolf Hitler, Joseph Goebbels, Hermann Göring, Wilhelm Frick und Wolf-Heinrich Graf von Helldorf am Tatort ein. Göring äußerte dabei: „Das ist der Beginn des kommunistischen Aufstandes, sie werden jetzt losschlagen! Es darf keine Minute versäumt werden!"

Die Nazis nutzten den Reichstagsbrand als Anlass für die Außerkraftsetzung der Weimarer Verfassung sowie für eine längst vorbereitete Massenverhaftung. Der erste Gestapo-Chef, Rudolf Diels, der sechs Stunden vor dem Reichstagsbrand per Polizeifunkspruch eine Verhaftungsaktion angekündigt hatte, leitete sofort eine Großrazzia ein. Unter den Inhaftierten war Carl von Ossietzky.

Schon am nächsten Tag verkündete der Reichstag die (Not-)Verordnung des Reichspräsidenten zum Schutz von Volk und Staat, die bis auf weiteres wichtige Grundrechte, wie die Meinungs-, Presse- und Versammlungsfreiheit, aufhob. Noch in der Nacht zum 28. Februar waren Tausende Kommunisten und Sozialdemokraten festgenommen worden, die Zeitungen der Linksparteien wurden verboten.

Der stark sehbehinderte, 24 Jahre alte Marinus van der Lubbe wurde am Abend des 27. Februar 1933 ungefähr zwischen 21.22 und 21.23 Uhr im brennenden Reichstagsgebäude aufgegriffen. Wie er dorthin gelangte, blieb bis heute ein Rätsel.

Vom 20. September bis zum 23. Dezember 1933 fand vor dem Reichsgericht der Reichstagsbrandprozess statt. Angeklagt waren drei bulgarische Kommunisten (unter ihnen Georgi Dimitroff), der Fraktionsvorsitzende der KPD im Reichstag, Ernst Torgler, sowie deutlich verwirrte holländische Anhänger des Räte-Kommunismus, Marinus van der Lubbe.

Seit dem 25. März 1933 hatte der Untersuchungsgefangene van der Lubbe als einziger der Angeklagten Tag und Nacht metallene Hand- und Fußfesseln tragen

---

[56] Bahar, Alexander, Kein Zufall der Geschichte – Der Reichstagsbrand und die Mär vom „Alleintäter", 3. Februar 2008, Beitrag auf der Webseite www.globale-gleichheit.de.

müssen, angeblich wegen Suizidgefahr. So wurde er auch am ersten Prozesstag vorgeführt. Marinus van der Lubbe war offensichtlich verhandlungsunfähig.

Erst der von den Nazis hinzugezogene weitere Gutachter, der Leipziger Nervenarzt Dr. Richard Schütz, bescheinigte am 6. Dezember 1933 die Verhandlungsfähigkeit für den gesamten Prozess. Wäre das nicht geschehen, hätte man unter dem Anschein eines rechtsstaatlichen Verfahrens van der Lubbe nicht hinrichten können.

Aus einem undatierten „Feuerwehrbericht" kristallisiert sich Folgendes heraus:

Kurz nach seiner Ankunft gab der Berliner Feuerwehrchef, Oberbranddirektor Walter Gempp, um 21.42 Uhr die fünfzehnte und damit höchste Alarmstufe (es war die siebte Alarmierung an dem Abend). Da jeder Zug vier Fahrzeuge umfasste, waren in der Endphase 60 Feuerwehrwagen um den Reichstag versammelt. Gleichzeitig begannen von der Spree aus mehrere Löschboote mit der Brandbekämpfung.

Bei der telefonischen Benachrichtigung wurde auf die Rückfrage der Feuerwehr hin mitgeteilt, dass es sich um einen „geringfügigen Brand" zu handeln scheine. Um wegen dieses unbedeutenden Brandes nicht den gesamten Stadtteil von Einsatzkräften der Feuerwehr zu entblößen, entschloss sich die Hauptfeuerwache der Berliner Berufsfeuerwehr, zunächst nur einen Zug zu entsenden.

Der Löschzug 6 traf etwa um 21.18 Uhr am Hauptportal des Reichstagsgebäudes ein. Da die Tür verschlossen war, schlug Oberbrandmeister Emil Puhle im Hauptgeschoss mit der Axt die Scheiben des zweiten Doppelfensters (von links) des Restaurants ein, obwohl das direkt daneben liegende erste Fenster von van der Lubbe bereits um 21.08 Uhr eingeschlagen worden sein soll. Das bereits eingeschlagene Fenster war laut Anklage nicht bemerkt worden. Der vom Leiter der Berufsfeuerwehr verfasste „Bericht der Berliner Feuerwehr" verschwand am Vormittag nach dem Brand im Innenministerium und lag nicht einmal dem Reichsgericht vor.

Als um 21.15 Uhr der Löschzug 7 über den Feuermelder an der Moltkestraße alarmiert wurde, gab der alarmierende Polizist die Meldung durch, dass im Reichstag Feuer ausgebrochen sei. Von diesem Gespräch wurde automatisch auch die Hauptwache unterrichtet. Dort sah man keine Notwendigkeit für ein Eingreifen, da ja wegen des bereits gemeldeten „geringfügigen Brandes" nun ein zweiter, vermutlich sogar überflüssiger Zug ausrücken würde.

Dass im Reichstag selbst der Brand zunächst nicht als besonders gefährlich angesehen wurde, schloss man auf der Hauptwache weiter aus der Tatsache, dass keiner der dortigen Hausfeuermelder betätigt worden war. Auf einen Alarm der Hausfeuermelder wären, wie vorgeschrieben, sogleich drei Züge zum Reichstag entsandt worden.

Van der Lubbe, der als Brandmittel lediglich Streichhölzer und Kohlenanzünder bei sich trug, soll, wie im Prozess festgestellt wurde, an mehreren Stellen im Restaurant Feuer gelegt haben, später auch im Plenarsaal. Seine Fingerabdrücke fand man im ganzen Gebäude nicht.

Bis auf zwei Ausnahmen, als er von „anderen" sprach, ohne dass geklärt wurde, wen er damit meinte, behauptete van der Lubbe seit seiner Festnahme, den Brand allein gelegt zu haben. Doch sämtliche vom Reichsgericht bestellten technischen Gutachter hielten es für unmöglich, dass eine einzelne ortsunkundige Person im dunklen Reichstagsgebäude in der kurzen Zeit von knapp 15 Minuten den Brand im Plenarsaal gelegt haben konnte. Wie van der Lubbe am 13. März 1933 aussagte, rechnete er „von vornherein damit, daß ich bei der Tat ergriffen würde. Ich war sogar entschlossen, mich unter allen Umständen festnehmen zu lassen, auch dann, wenn mir nach der vollkommen gelungenen Tat ein unbemerktes Entkommen möglich gewesen wäre."

Van der Lubbe konnte weder bei Vernehmungen noch bei Ortsterminen eine nachvollziehbare Schilderung der Brandlegungen im Reichstagsgebäude geben. Untersuchungsrichter Paul Vogt erklärte im Prozess: „Ich glaube, es wird nicht möglich sein, auch wenn die sämtlichen Beamten, die ihn über den Brandweg vernommen haben, gefragt werden und wenn die gerichtlichen Protokolle darüber verlesen werden, ein klares Bild zu bekommen, wie er gelaufen sein will."

Walter Gempp versicherte vor dem Leipziger Reichsgericht unter Eid, der Einsatz der Berliner Feuerwehr während des Reichstagsbrandes sei absolut normal verlaufen, und niemand habe den Versuch gemacht, die Feuerwehr zu behindern. Die Behauptung des Braunbuchs und zahlreicher ausländischer Zeitungen, Göring habe ihm verboten, sofort Großalarm zu geben, bezeichnete Gempp empört als „glatten Unsinn":

„Daß diese Erklärung Gempps den Tatsachen entsprach, wird bis auf den heutigen Tag bezweifelt", schreibt der Ministerial- und Verfassungsschutzbeamte Fritz Tobias, dessen in „Der Spiegel" 1959, Nr. 43, bis 1960, Nr. 1/2, abgedrucktes Manuskript die Alleintäterschaft van der Lubbes unterstreicht und auf eine Mittäterschaft der Nationalsozialisten nicht eingeht. „In nahezu allen Berichten, die in den letzten fünfundzwanzig Jahren über den Reichstagsbrand erschienen sind, kann man nachlesen, die Nazis hätten Gempp zu seiner Aussage gezwungen. Der beste Beweis sei die ja doch unbezweifelte Tatsache, daß der Einsatz der Feuerwehr am Brandabend keineswegs vorschriftsmäßig gewesen sei."

Verurteilt und am 10. Januar 1934 geköpft wurde einzig der im brennenden Reichstag verhaftete van der Lubbe. Das Reichsgericht konnte und durfte keine weiteren Täter oder gar Hintermänner ermitteln.

* Die beiden wichtigsten Vertreter aus dem Kreis der heutigen Kritiker der Alleintäter-Theorie sind der Historiker Alexander Bahar und der Publizist Hersch Fischler. Lesenswert: Fischler, Hersch, Zum Zeitablauf der Reichstagsbrandstiftung. Korrekturen der Untersuchung Alfred Berndts, in: Vierteljahrshefte für Zeitgeschichte 55 (VfZ 4/2005), Alexander Bahar, Wilfried Kugel: Der Reichstagsbrand – Wie Geschichte gemacht wird, Berlin 2001, Tobias, Fritz, Der Reichstagsbrand – Legende und Wirklichkeit, Rastatt 1962.

Reichsgesetzblatt
Teil I

| 1933 | Ausgegeben zu Berlin, den 28. Februar 1933 | Nr. 17 |

Inhalt: Verordnung des Reichspräsidenten zum Schutz von Volk und Staat. Vom 28. Februar 1933...... S. 83

Verordnung des Reichspräsidenten zum Schutz von Volk und Staat. Vom 28. Februar 1933.

Auf Grund des Artikels 48 Abs. 2 der Reichsverfassung wird zur Abwehr kommunistischer staatsgefährdender Gewaltakte folgendes verordnet:

§ 1

Die Artikel 114, 115, 117, 118, 123, 124 und 153 der Verfassung des Deutschen Reichs werden bis auf weiteres außer Kraft gesetzt. Es sind daher Beschränkungen der persönlichen Freiheit, des Rechts der freien Meinungsäußerung, einschließlich der Pressefreiheit, des Vereins- und Versammlungsrechts, Eingriffe in das Brief-, Post-, Telegraphen- und Fernsprechgeheimnis, Anordnungen von Haussuchungen und von Beschlagnahmen sowie Beschränkungen des Eigentums auch außerhalb der sonst hierfür bestimmten gesetzlichen Grenzen zulässig.

§ 2

Werden in einem Lande die zur Wiederherstellung der öffentlichen Sicherheit und Ordnung nötigen Maßnahmen nicht getroffen, so kann die Reichsregierung insoweit die Befugnisse der obersten Landesbehörde vorübergehend wahrnehmen.

§ 3

Die Behörden der Länder und Gemeinden (Gemeindeverbände) haben den auf Grund des § 2 erlassenen Anordnungen der Reichsregierung im Rahmen ihrer Zuständigkeit Folge zu leisten.

§ 4

Wer den von den obersten Landesbehörden oder den ihnen nachgeordneten Behörden zur Durchführung dieser Verordnung erlassenen Anordnungen oder den von der Reichsregierung gemäß § 2 erlassenen Anordnungen zuwiderhandelt oder wer zu solcher Zuwiderhandlung auffordert oder anreizt, wird, soweit nicht die Tat nach anderen Vorschriften mit einer schwereren Strafe bedroht ist, mit Gefängnis nicht unter einem Monat oder mit Geldstrafe von 150 bis zu 15 000 Reichsmark bestraft.

Wer durch Zuwiderhandlung nach Abs. 1 eine gemeine Gefahr für Menschenleben herbeiführt, wird mit Zuchthaus, bei mildernden Umständen mit Gefängnis nicht unter sechs Monaten und, wenn die Zuwiderhandlung den Tod eines Menschen verursacht, mit dem Tode, bei mildernden Umständen mit Zuchthaus nicht unter zwei Jahren bestraft. Daneben kann auf Vermögenseinziehung erkannt werden.

Wer zu einer gemeingefährlichen Zuwiderhandlung (Abs. 2) auffordert oder anreizt, wird mit Zuchthaus, bei mildernden Umständen mit Gefängnis nicht unter drei Monaten bestraft.

§ 5

Mit dem Tode sind die Verbrechen zu bestrafen, die das Strafgesetzbuch in den §§ 81 (Hochverrat), 229 (Giftbeibringung), 307 (Brandstiftung), 311 (Explosion), 312 (Überschwemmung), 315 Abs. 2 (Beschädigung von Eisenbahnanlagen), 324 (gemeingefährliche Vergiftung) mit lebenslangem Zuchthaus bedroht.

Mit dem Tode oder, soweit nicht bisher eine schwerere Strafe angedroht ist, mit lebenslangem Zuchthaus oder mit Zuchthaus bis zu 15 Jahren wird bestraft:

1. Wer es unternimmt, den Reichspräsidenten oder ein Mitglied oder einen Kommissar der Reichsregierung oder einer Landesregierung zu töten oder wer zu einer solchen Tötung auffordert, sich erbietet, ein solches Erbieten annimmt oder eine solche Tötung mit einem anderen verabredet;

2. wer in den Fällen des § 115 Abs. 2 des Strafgesetzbuchs (schwerer Aufruhr) oder des § 125 Abs. 2 des Strafgesetzbuchs (schwerer Landfriedensbruch) die Tat mit Waffen oder in bewußtem und gewolltem Zusammenwirken mit einem Bewaffneten begeht;

3. wer eine Freiheitsberaubung (§ 239) des Strafgesetzbuchs in der Absicht begeht, sich des Freiheitsberaubten als Geisel im politischen Kampfe zu bedienen.

§ 6

Diese Verordnung tritt mit dem Tage der Verkündung in Kraft.

Berlin, den 28. Februar 1933.

Der Reichspräsident
von Hindenburg

Der Reichskanzler
Adolf Hitler

Der Reichsminister des Innern
Frick

Der Reichsminister der Justiz
Dr. Gürtner

Herausgegeben vom Reichsministerium des Innern. — Gedruckt in der Reichsdruckerei, Berlin.

Verordnung des Reichspräsidenten zum Schutz von Volk und Staat vom 28.02.1933.

Landesverband wurde in Kreisverbände aufgegliedert /
„Feuerwehren müssen einheitlich gekleidet und ausgebildet werden"

Rasante Entwicklungen in Schaumburg-Lippe

Der Landesverband der Freiwilligen Feuerwehren in Schaumburg-Lippe wurde 1933 in die Kreisverbände Stadthagen mit 12 und Bückeburg mit 13 Wehren aufgegliedert; sämtliche 25 Wehren zählten insgesamt 1970 Mann. Kreisbrandmeister des Kreises Stadthagen wurde Branddirektor Carl Brunstermann.[57]

Am 10. September 1933 fand in Stadthagen der 10. Landesverbandstag des Landesverbandes der Freiwilligen Feuerwehren in Schaumburg-Lippe statt. Gleichzeitig feierte die Freiwillige Feuerwehr Stadthagen ihr 65-jähriges Bestehen.

Branddirektor Brunstermann begrüßte die erschienenen Delegierten und hob hervor, dass es die erste Tagung unter der neuen Regierung sei. Reichspräsident und Reichskanzler wurde „ein freudiges Sieg-Heil" gebracht. Anwesend waren 48 Delegierte von 24 Wehren, es fehlte die Wehr Frille. Auch waren erschienen Bürgermeister Edgar Bergmann, Stadthagen, Kreisoberinspektor Schulze als Vertreter des Kreises Stadthagen, Branddirektor Karl Harting, Bückeburg, als Vertreter von Landrat Hermann Gebbers, die Bürgervorsteher Stadthagens, die Kameraden des Minden-Ravensberg-Lippischen Feuerwehrverbandes und Inspektor Stephan von der Landschaftlichen Brandkasse sowie Vertreter der Presse.

Der Jahresbericht wurde von Kamerad Brunstermann jun. verlesen. Der Verband zählte 1970 Mitglieder. Die Wehren hatten im letzten Jahr eine rege Tätigkeit entfaltet. Bei zwölf Bränden in verschiedenen Orten hatten sie die hohe Aufgabe erfüllt, des Nächsten Hab und Gut zu schützen. Kamerad Wilhelm Schweer verlas den Kassenbericht, das Geschäftsjahr schloss mit einem Bestand von rund 131 Mark. Die Kassenprüfer wurden wieder gewählt.

Vorstandswahlen gebe es in Zukunft nicht mehr

Zum Punkt „Vorstandswahl" nahm Branddirektor Harting das Wort. Im Feuerwehrwesen seien auf der letzten Verbandstagung in Münster große Änderungen vorgenommen worden. Vorstandswahlen gebe es in Zukunft nicht mehr. Er bestimme als Gruppenführer die Führer des Landesverbandes. Er verpflichte die bisherigen Mitglieder. Branddirektor Brunstermann dankte für das Vertrauen, er werde auf dem Posten bleiben, solange es seine Kräfte zuließen. Über die Tagung in Münster berichtete Branddirektor Harting. Zum Führer des Verbandes Westfalen sei Bürgermeister Dr. Rudolf Müller, Ibbenbüren, bestimmt worden. Diesem stehe ein Arbeitsausschuss von drei Kameraden zur Seite. Der Verband sei in vier Gruppen eingeteilt. Der Gruppenführer des bisherigen Minden-Ravensberg-Lippischen Verbandes sei Branddirektor Harting. Bis zum 1. Januar

---

[57] Wehling, Albrecht, 90 Jahre Freiwillige Feuerwehr Stadthagen 1868-1958, Stadthagen 1958, S. 38.

1935 müssten sämtliche Feuerwehrmänner einheitlich durchgebildet sein, das heißt, auf der Brandstelle angekommen, jeden Dienst verrichten können. Bis zum 65. Lebensjahr habe sich jeder Kamerad aktiv zu betätigen. Bis Ende nächsten Jahres sei auch die Einheits-Ausrüstung einzuführen, vor allem aber Nackenschutzleder für jeden Feuerwehrmann. Wer nicht nach Vorschrift uniformiert sei, erhalte bei Unfällen keine Entschädigung. Auch habe jedermann bei Bränden mitzuarbeiten, sei es selbst oder auch mit dem Gespann. So sei im letzten Jahr ein Landwirt in der Erntezeit mit 50 Mark bestraft worden, weil er es abgelehnt habe, Wasser zu fahren mit der Begründung, er habe seine Pferde zur Ernte nötig. In Zukunft werde jeder zur Anzeige gebracht, der den Dienst verweigere.

Oberinspektor Schulze wies darauf hin, dass der Kreis Stadthagen in den letzten Jahren mindestens 15000 Mark den Wehren für Ausrüstung und Anschaffung von Motorspritzen zur Verfügung gestellt habe, auch hätten die Gemeinden selbst erhebliche Mittel bewilligt. Branddirektor Harting erwiderte, für die Beschaffung der Uniform und zur Versicherung müsse aber noch mehr geleistet werden. Welche Kosten die Gemeinden für Feuerwehrsachen im Etat 1934/35 einzusetzen hätten, sollten sie demnächst schriftlich erhalten.

Im Bericht heißt es weiter: „Die Brandbekämpfung liegt in den Händen der Freiwilligen Feuerwehren, deshalb muß sie auch einheitlich gekleidet und ausgebildet werden. Die Disziplin steht bei ihr obenan, darum darf sie denselben Anspruch auf Achtung erheben wie andere Uniform-Verbände." Der nächstjährige Verbandstag mit Verbandsfest sollte in Niedernwöhren stattfinden.

Bis zum 1. Oktober sollte jede Wehr dem Westfalen-Verband angeschlossen sein. Der Beitrag betrug je Mitglied 0,60 Mark im Jahr. Auf die Frage eines Kameraden, wie es sich mit den Wahlen in den Wehren verhalte, erklärte Branddirektor Harting, dass die Wehrführer bestimmt würden, diese würden wiederum ihre Mitarbeiter ernennen. Die Feuerwehren seien auch die Hauptträger des zivilen Luftschutzdienstes, ihnen fiele ja auch die Bekämpfung der durch Brandbomben verursachten Brände zu.

Hierauf schloss Branddirektor Brunstermann die Tagung mit einem Sieg-Heil.

Anschließend fand eine Schauübung auf dem Viehmarktplatz statt. An ihr beteiligten sich die Freiwillige Feuerwehr Stadthagen mit drei Löschzügen und der Motorspritze sowie die Wehren Nienstädt, Meerbeck, Niedernwöhren und Pollhagen. Von der Stadthäger Wehr wurde ein neues Strahlrohr gezeigt, das zur Rauchbekämpfung sowie zur Wasserabgabe gebraucht werden konnte. Die Übung wurde exakt durchgeführt und fand bei den Sachverständigen volle Anerkennung. Anschließend erfolgte ein Rundmarsch durch die Straßen der Stadt.[58]

---

[58] Bericht von Wilhelm Wulf, Schriftführer der 1929 gegründeten Freiwilligen Feuerwehr Bergkirchen, der mit seinem Brandmeister Heinrich Dralle als Delegierter seiner Feuerwehr die Veranstaltung besucht hatte, im alten Protokollbuch der Wehr.

Terror gegen die jüdische Bevölkerung /
Ehrenhauptmann Bornemann geriet in Misskredit

Schwarzes Tuch: Ausschluss des Ehrenbrandmeisters

Was die Protokolle verschweigen: Es war auch eine schwere Zeit, besonders aber für die jüdischen Bevölkerungsteile. Seit 1933 wurden sie terrorisiert. Zunehmend wurden ihnen gegenüber Einschränkungen ausgesprochen. Besonders aus dem Wirtschaftsleben konnten sie zwar nicht sofort „entfernt" werden, da man größeren wirtschaftlichen Einbrüchen vorbeugen wollte. Ziel nationalsozialistischer Politik war es aber, die Vertreibung der Juden zu erreichen und deren Vermögen zu beschlagnahmen. Die Situation der Juden in der Grafschaft Schaumburg verschärfte sich von Jahr zu Jahr.

Vor diesem Hintergrund erfolgte im Jahre 1936 der Ausschluss des Landwirts und Altenteilers Wilhelm Bornemann, Grove 15, 59 Jahre, aus der Freiwilligen Feuerwehr Rodenberg. Bornemann hatte die Wehr von 1931 bis 1934 geführt und war Ehrenhauptmann derselben.[59] Den Ausschluss hatte Ortsgruppenleiter Bürgermeister Wilhelm Ehlert (als Ortspolizeibehörde) mit Schreiben vom 30. November 1936 an die Kreisleitung der NSDAP in Rinteln gefordert, da Bornemann am 28. des Monats eine Kuh an den jüdischen Viehhändler Gustav Levy in Lauenau verkauft haben soll. Ein gleich lautendes Schreiben erhielt der Kriegervereinsvorsitzende Wilhelm Herbold. Auch dort sollte Wilhelm Bornemann ausgeschlossen werden. Und noch am gleichen Tag setzte Bürgermeister Wilhelm Ehlert entsprechende Schreiben an Wehrführer Karl Möller, zur Kenntnis an Oberbrandmeister Johann Becker in Rodenberg, und an den Reichsnährstand, Kreisbauernschaft, Rinteln, auf.[60]

Brandmeister Möller setzte die Weisung um. Er schrieb dem Beschuldigten am 2. Dezember 1936: „Laut Schreiben des Bürgermeisters vom 30. XI. 36 haben Sie am Sonnabend den 28. XI. 36 eine Kuh dem Juden Gustav Levy, Lauenau, verkauft. Da ein derartiges Geschäftsgebaren gegen die heutige Volksauffassung verstößt, müssen wir Sie auf Anordnung des Bürgermeisters aus der Freiw. Feuerwehr ausschließen."

---

[59] Wilhelm Bornemann trat der Freiwilligen Feuerwehr Rodenberg im Jahre 1907 bei. Lange Jahre gehörte er zum Vorstand, war einige Jahre stellvertretender Führer und schließlich, von 1931 bis 1934, Führer der Freiwilligen Feuerwehr. Nach Erreichung der Altersgrenze wurde er zum Ehrenhauptmann ernannt. Am 21. Februar 1934 wurde ihm vom Preußischen Staatsministerium das Erinnerungszeichen für die Verdienste um das Feuerlöschwesen verliehen. Bornemanns Distanz zur Partei machte ihn unbeliebt. So heißt es in einer Stellungnahme des Ortsgruppenleiters zu dem besagten Fall vom 20. Januar 1937: „Ich bemerke noch besonders, daß Bornemann ein Nörgler ist, der sich grundsätzlich gegen jede andere Meinung stemmt und auch in politische Beziehung nicht die Belange der NSDAP vertritt. Auch ist Bornemann, wie mir die NSV. bestätigt hat, nicht Mitglied derselben."

[60] Nds. StA Bückeburg Dep. 42 R Nr. 183; vgl. Krampertz, Hardy, Beiträge zur Rodenberger Sozialgeschichte des 19. und 20. Jahrhunderts, Rodenberg 1990, S. 198, 199.

Bornemann erhob Einspruch. Er schrieb dem Führer der Wehr am 5. Dezember, dass er keine Kuh an einen Juden verkauft habe. So äußerte er sich auch gegenüber der Kriegerkameradschaft Rodenberg und fügte hinzu, dass er den Hof bereits drei Jahre zuvor an seinen Schwiegersohn Wilhelm Schmidt übergeben habe. Bornemann, seit 26 Jahren in der Kriegerkameradschaft, sollte aus diesem Grund nicht ausgeschlossen werden. Offensichtlich war aber jemandem an einem Ausschluss besonders gelegen, denn die Kriegerkameradschaft Rodenberg hielt in ihrem Schreiben an den Ortsgruppenleiter in Rodenberg vom 4. Dezember 1936 noch eine Option offen: „Bornemann soll sich gegen eine Anordnung des Reichsnährstandes vergangen haben. Dieser mag deshalb gegen Bornemann vorgehen wegen Mißachtung seiner Anordnungen und seine Feststellungen treffen. Sollten diese ergeben, daß Bornemann sich vergangen hat, wird die Kriegerkameradschaft Rodenberg nicht säumen, ihrer Pflicht nachzukommen und Bornemann auszuschließen."

Langwierige Verhandlungen folgten. Auch der Schwiegersohn beteuerte, „in den letzten 3 Jahren mit keinem Juden mehr gehandelt" zu haben. Dem widersprach allerdings der Viehhändler Adolf Levy am 29. Dezember, der ihm die Kuh für 165 Mark abgekauft haben wollte, die sein Bruder Gustav Levy einige Tage später abgeholt haben soll.

Solidarisches Verhalten von Christian Görling

Eine Ortsbauernversammlung folgte wenig später. Der Bauer Christian Görling, Grove 4, erklärte demonstrativ, dass auch er vor etlichen Monaten eine Kuh an einen jüdischen Händler verkauft habe. Der Ortsgruppenleiter reagierte. Am 29. Dezember 1936 forderte er Sturmführer Callier, SA Sturm 9/231 Rodenberg, auf, diese Person wegen dieses „staatsfeindlichen Handelns" unverzüglich aus der SA auszuschließen.

Zwischenzeitlich hatte sich Wilhelm Bornemann rechtlichen Beistand gesucht, den er im Rechtsanwalt Dr. jur. Reichmann in Hannover fand. Verschiedene Schreiben folgten, darunter eine Beschwerde gegen die Verfügungen vom 30. November und 2. Dezember 1936, gerichtet am 16. Januar 1937 an den Landrat des Landkreises Grafschaft Schaumburg in Rinteln.

Die Kriegerkameradschaft Rodenberg ließ es zwischenzeitlich mit einer Verwarnung gegenüber Wilhelm Bornemann von Seiten des Kreisverbandsführers auf sich beruhen. Auch Kreisfeuerwehrführer Georg Schwedt in Hess. Oldendorf stellte in einem Schreiben an den Ehrenhauptmann vom 8. März 1937 in Aussicht, dass sich „wohl ein gangbarer Weg finden lassen" werde, „um die Angelegenheit aus der Welt zu schaffen".

Ortsgruppenleiter Ehlert ließ aber nicht locker und betonte mit Nachdruck, dass Bornemann „keinesfalls mehr als Ehren-Hauptmann in Frage kommen" könne. Der Kreisfeuerwehrführer schrieb dem Ehrenhauptmann am 13. März 1937: „Ihre Berufung gegen den Führerrat der dortigen Freiwilligen Feuerwehr wegen Ausschluss aus derselben wird hiermit als unbegründet zurückgewiesen und der

Ausschluss damit bestätigt. Diese Entscheidung ist gemäss §6 Ziffer 5 Absatz 2 der Satzung der dortigen Freiwilligen Feuerwehr endgültig."

Nun war es an der Zeit, dass sich Landrat Oskar Funk einschaltete. Er richtete unter dem 23. April 1937 deutliche und mahnende Worte an Bürgermeister Ehlert. Er kritisierte, dass ein Grund für Ehlert „zu einem so krassen Vorgehen gegen ein altes und verdientes Mitglied der Feuerwehr kaum anerkannt werden" könne. Der Verkauf einer Kuh an einen Juden sei nicht bewiesen, und selbst wenn, „so dürfte immerhin die Ausschließung eines bis dahin verdienten alten Mitgliedes aus der Feuerwehr hiergegen doch wohl eine zu harte Sühne bedeuten".

Die Nazi-Schergen ließen nicht locker. Sie wollten einen Präzedenzfall schaffen, damit der Handel mit jüdischen Händlern in Zukunft ausbleiben würde. Die Aufsichtsbehörde in Rinteln hob aber die Anordnung des Bürgermeisters vom 30. November 1936 am 8. Mai 1937 gegenüber dem Führer der Freiwilligen Feuerwehr auf.

Nun suchte Bürgermeister Ehlert Unterstützung bei der Parteiführung der NSDAP, Gau Westfalen-Nord, in Rinteln, und die hielt zu ihrem Parteigenossen in Rodenberg. Daraufhin forderte Ehlert am 19. August 1937 vom Wehrführer, Bornemann mit sofortiger Wirkung aus der Freiwilligen Feuerwehr „auszuscheiden". Der Fall hatte sein unrühmliches Ende gefunden, die Akte wurde wenig später geschlossen.

Mit den Worten „Nie wieder" beendete die streitbare und oftmals siegreiche Publizistin und Mit-Initiatorin des Holocaust-Mahnmals in Berlin Lea Rosh am 27. Januar 2005 ihren Vortrag im Landtag des Saarlandes zum Tag des Gedenkens an die Opfer des Nationalsozialismus, „Der Mord an den Juden Europas".

Niederbarnimer Kreisblatt,
2. Februar 1935 (Auszug)

Arbeitsreiche Feuerwehr-Dienstversammlung
Die neue Bedeutung der Freiwilligen Feuerwehren

Der Landrat des Kreises Niederbarnim hatte für die Ortspolizeibehörden und Feuerwehren des Kreises eine Feuerwehr-Dienstversammlung auf Dienstag den 29. Januar im Sitzungssaal des Landratsamtes anberaumt. (...) Von besonderer Bedeutung war die Teilnahme des Provinzialfeuerwehrführers, des Landesbranddirektors Gaedicke, und seines Adjutanten, des Branddirektors Lehmann. Aus dem Landratsamte waren erschienen Landrat Dr. M. Weiß, sein Stellvertreter, Regierungsrat Jacobi, der Feuerwehrdezernent, Regierungsassessor Dr. Zenke, Kreisbrandinspektor Graß, der Vertreter der Kreisdirektion der Feuersozietät, Rentsch, und der Gendarmerieinspektor Hinzmann.

(...) Bei der Besprechung der neuen Dienstvorschrift, die jetzt überall eingeführt ist, wurden die Fragen der Sicherheitswachen bei Kostümfesten, das Auftreten der Feuerwehrkapellen und die Grußpflicht berührt. Wichtig sind, so wurde des weiteren hervorgehoben, die Sicherungsmaßnahmen für den Straßenverkehr bei Bränden und Alarmübungen, die grundsätzlich Sache der Polizei sind, bei denen aber die Feuerwehr mitwirkt. Zu dem Punkte der Zusammenarbeit zwischen Feuerwehr und Gendarmerie nahm auch der Gendarmerieinspektor das Wort, der Teilnahme der Feuerwehr an polizeilichen Dienstversammlungen wünschte. Von Bedeutung war noch der Hinweis auf die Sicherstellung der Löschwasserversorgung, d.h. auf den Schutz der Hydranten, Feuerlöschbrunnen und Brunnenständer der Zisternen gegen Frostgefahr, sowie auf die Pflege der Feuerwehrgeräte im Winterhalbjahr. Die Schaffung ausreichender, von der Ortswasserleitung unabhängiger Löschwasserstellen gehört zu den vordringlichen Aufgaben der Feuerwehren.

... Zu den Richtlinien für die Aufstellung des Haushaltsplanes der örtlichen Feuerwehrabteilungen innerhalb des Gemeindehaushaltsplanes verbreitet sich Regierungsrat Jacobi über die Aufbringung der Mittel zur Finanzierung des Feuerlöschwesens, und schlug vor, in den einzelnen größeren Gemeinden Fördervereinigungen zu bilden, die dann einen Teil der Gelder aufzubringen hätten. Im übrigen hat in den Haushaltsplänen Sparsamkeit zu herrschen, wenngleich die erforderlichen Geräte zu beschaffen sind. Verfügungen des Regierungspräsidenten über die Normung im Feuerwehrwesen, die auch im Kreise Niederbarnim weitergeführt wird, sowie über die Prüfung der örtlichen Wehren durch den Provinzial- oder Kreisfeuerwehrführer wurden bekanntgegeben. Der Provinzialfeuerwehrführer erklärte dazu, daß er überall dort wo es nottue, selbst nach dem Rechten sehen werde. Feuerwehrführer kann nur der werden, der die vorgeschriebene Prüfung in Bahrensdorf bestanden hat. Auch die Feuerwehrgasschutzlehrgänge bei der Auer-Gesellschaft in Oranienburg werden fortgesetzt.

Das Verhältnis der Feuerwehr zur SA und SS ist noch nicht völlig geklärt; die Klärung wird im Zuge es Neuaufbaues der SA. erfolgen. (...)
Provinzialfeuerwehrführer Gaedicke faßte zum Schluß das Ergebnis der einzelnen Punkte der Tagesordnung zusammen und erläuterte es an Hand seiner Kenntnisse und Erfahrungen. Er betonte die neue Bedeutung der Freiwilligen Feuerwehren auf Grund der gesetzlichen Bestimmungen, wies auf die Zusammenarbeit der Feuerwehr mit dem Arbeitsdienst hin und verlangte, daß die Wehren überall die ihnen zukommende Stellung behaupten sollten. Innerhalb der Wehren gelte es, den Geist der Kameradschaft zu pflegen. Ein Wort des Dankes an alle Erschienenen und Mitarbeiter fand dann Regierungsrat Jacobi, der auch noch einmal auf die günstigen Ergebnisse der Besichtigungen und Uebungen im Kreise Niederbarnim hinwies. (...)

<u>Niederbarnimer Kreisblatt, 1. Dezember 1938,
Oranienburger Generalanzeiger (gekürzt)</u>

Grundlegende Neuerung des Feuerlöschwesens

Einheitliche Regelung für das gesamte Reichsgebiet /
Die Organisation klar gegliedert

Der Chef der Ordnungspolizei, General Daluege, sprach am Mittwoch vor Pressevertretern als Beauftragter des Reichsführers SS. und Chefs der Deutschen Polizei für die Neuorganisation des Feuerlöschwesens über das neue Feuerlöschgesetz. Das Feuerlöschwesen hat, stellte er fest, im Rahmen seiner bisherigen Organisation die ihm gestellten gemeinnützigen Aufgaben bei einer ständigen Steigerung der Leistungen erfolgreich gelöst. Aber auch für die allgemeine Landesverteidigung sind auf diesem Gebiete Aufgaben und Pflichten erwachsen, die bei dem Grundsatz sparsamster Menschenverteilung im Falle eines Krieges und bei der entsprechenden friedensmäßigen Vorbereitungsarbeit nur gelöst werden können, wenn die Organe des Feuerlöschwesens mit den anderen für die allgemeine Sicherheit und Ordnung zuständigen Stellen und ihren Hilfsorganen führungsmäßig und organisatorisch klar zusammengefaßt werden.

(...)

Entsprechend dem nationalsozialistischen Führerprinzip werden die bisherigen Berufsfeuerwehren nach näheren Bestimmungen des Reichsministers des Innern als ordentliche Gemeindepolizei in die Feuerschutzpolizei übergeleitet. Aus den Freiwilligen Feuerwehren wird unter Beibehaltung ihrer Bezeichnung eine Hilfspolizeitruppe geschaffen. Während somit die bereits hauptamtlich tätigen Berufsfeuerwehren als Feuerschutzpolizei staatlich verankert werden, übernimmt das neue Gesetz bewußt für die als Hilfspolizei eingesetzten Feuerwehren den bewährten Grundsatz der Freiwilligkeit, denn zur Bewältigung aller im Feuerlöschwesen erwachsenen Aufgaben ist ein Millionenheer von Kräften notwendig, die aus freiem Willen jederzeit, wenn die Pflicht sie ruft, einsatzbereit sind. In ihrer Eigenschaft als Hilfspolizeitruppe werden die Freiwilligen Feuerwehren in das Polizeikorps des Reiches eingegliedert und damit dem Reichsführer SS. als Chef der Deutschen Polizei unterstellt. Das Aufsichtsrecht und alle übrigen Aufgaben und Pflichten der Länder und Gemeinden in Bezug auf die Freiwilligen Feuerwehren sind daneben erhalten geblieben.

(...)

Das Gesetz sieht im einzelnen folgendes vor:

Die Feuerschutzpolizei tritt als vierte Sparte der Ordnungspolizei neben die Schutzpolizei des Reiches, die Schutzpolizei der Gemeinden und die Gendarmerie. Die Beamten der Feuerschutzpolizei sind Polizeivollzugsbeamte. Der Reichsminister des Innern bestimmt, welche Gemeinden eine Feuerschutzpolizei einrichten müssen. Neben die Feuerschutzpolizei als Vollzugspolizei treten die Freiwilligen und die Pflichtfeuerwehren als Hilfspolizeitruppe, deren Aufgaben im einzelnen festgelegt werden.

Die bisherigen, von den Freiwilligen Feuerwehren gebildeten Vereine und Verbände werden zu einem Zeitpunkt, den der Reichsminister des Inneren bestimmt, aufgelöst, da es bei der wachsenden Bedeutung des Feuerlöschwesens nicht tragbar ist, das Schicksal einer so wichtigen Formation wie die Feuerwehren von den Mehrheitsbeschlüssen einer Mitgliederversammlung abhängig zu machen. An die Stelle der Vereine tritt als Organ des Ortspolizeiverwalters die Freiwillige Feuerwehr als Hilfspolizeitruppe. (...)

Die Rechte und Pflichten der Angehörigen dieser Hilfspolizeitruppe, die auf den Führer und Reichskanzler zu gewissenhafter Erfüllung aller Dienstobliegenheiten verpflichtet werden, enthält die Durchführungsverordnung. Die Führer der Wehren werden von dem Ortspolizeiverwalter, bezw. dem Leiter der unteren Verwaltungsbehörde, ernannt und abberufen.

Die Beschaffung und Erhaltung der für die freiwilligen Feuerwehren und Pflichtfeuerwehren erforderlichen Löschgeräte und sonstigen Anlagen, ihre Uniformierung und Ausbildung ist Aufgabe der Gemeinden. (...)

Zielsetzung unter anderem:
Klärung feuerwehrtechnischer Fragen im Werkbrandschutz

Die Tagungen der A.- und Z.-Stelle in den Jahren 1935 und 1936

Am Ende des Geschäftsjahres 1934/35, am 22. und 23. September 1935, fanden die Mitgliederversammlung der Auskunfts- und Zentralstelle (A.- und Z.-Stelle) sowie Besichtigungen und Vorführungen in Braunschweig und Wolfenbüttel statt. An dieser Tagung nahmen 387 Herren teil, die den verschiedensten Behörden, Konzernen und Werken aus allen Gegenden des Reiches angehörten, um wieder ihre Erfahrungen auf den Gebieten des industriellen Feuerschutzes, Sicherheitsdienstes und Werkluftschutzes auszutauschen.

Die Auskunfts- und Zentralstelle für Leiter und Dezernenten des Feuerschutz- und Sicherheitsdienstes industrieller Unternehmen, kurz: A.- und Z.-Stelle, am 6. September 1919 ins Leben gerufen, hatte sich folgende Ziele gesetzt:

1. Klärung feuerwehrtechnischer Fragen im Werkbrandschutz
2. Erfahrungsaustausch über Einsatzerfahrungen
3. Bekanntmachung technischer Neuerungen auf dem Gebiet des Feuerlöschwesens
4. Gutachten an Behörden
5. Mitwirkung bei gesetzgeberischen Maßnahmen
6. Vertretung im Preußischen Feuerwehrbeirat (später Deutscher Feuerwehrbeirat)
7. Zusammenarbeit Reichsgruppe Industrie, CTIF mit anderen Institutionen des Brandschutzes, zugleich auch Vertretung in diesen Gremien (feuerwehrtechnische Normenstelle, Normenausschuss Atemschutzgeräte, Reichsverein Deutscher Feuerwehringenieure, Arbeits- und Interessengemeinschaft Deutscher Feuerwehrorgane)
8. Durchführung von Fachtagungen
9. Ab 1929 auch Fragen des Luftschutzes und des Katastrophenschutzes

Die Vorstandsmitglieder der A.- und Z.-Stelle und einige engere Mitarbeiter der ihr angehörenden industriellen Betriebe waren in Verbänden, Fachausschüssen usw. an der Mitarbeit im Interesse der Industrie beteiligt, und zwar

1. im Feuerwehrbeirat des Reichsministeriums des Innern:
a) A.- und Z.-Stelle als Mitglied korporativ, ferner Einzelmitgliedschaft,
b) Technischer Ausschuss,
c) Prüfungsausschuss für Handfeuerlöscher,
d) Prüfungsausschuss für Kübel- und Einstellspritzen,
2. im Preußischen Ministerium für Wirtschaft und Arbeit (Ausschuss für die Aufstellung von Richtlinien über die Errichtung und den Betrieb von Gasbehältern)
3. in der Feuerwehrtechnischen Normenstelle
4. im Normenausschuss für die Normung der Atemschutzgeräte

5. in der Reichsgruppe Industrie:
a) Fachausschuss für Wirtschaftsspionage,
b) Hauptausschuss für den Werkluftschutz und in Sonderausschüssen derselben,
6. in der Arbeits- und Interessengemeinschaft Deutscher Feuerwehrorgane,
a) Ausschuss für Feuerschutzfragen im Luftschutz,
b) Ausschuss für die Bildung von Prüfzeichen für Feuerwehrgeräte,
7. im Reichsverein Deutscher Feuerwehringenieure,
a) im Führerbeirat,
b) Ausschuss für Geräte zur Bekämpfung von Bränden feuergefährlicher Flüssigkeiten,
c) Ausschuss für Lagerung feuergefährlicher Flüssigkeiten, Brennstoffe, Gase,
d) Ausschuss für Gasschutz und Wiederbelebung,
e) Ausschuss für Luftschutzfragen,
8. im Comité Technique International de prévention et d'extinction du Feu (CTIF), zu Deutsch: Internationales technisches Komitee für vorbeugenden Brandschutz und Feuerlöschwesen

Nach der einstimmig am 22. September 1935 in Braunschweig erfolgten Wiederwahl gehörten dem Vorstand damals folgende Herren an:

1. Dr. Karl August Nerger,[61] Leiter der Abteilung für Werksicherheitsdienst der Siemens & Halske AG und der Siemens-Schuckertwerke AG, Berlin, Vorsitzender
2. Hillmer, Vorstandsmitglied der Christian Dierig AG, Langenbielau
3. Korsch, Branddirektor der Gelsenkirchener Bergwerks-AG, Gelsenkirchen
4. Roesler, Oberbrandinspektor, Leiter des Sicherheitsdienstes der Leunawerke, Ammoniakwerk Merseburg d. I. G. Farbenindustrie Akt.-Ges, Leuna
5. Oberingenieur Lücke, Branddirektor des Siemenskonzerns, Berlin-Siemensstadt, Geschäftsführer

Am Sonnabend und Sonntag, dem 19. und 20. September 1936, fand eine Vor-

---

[61] Karl August Nerger, * Rostock 25. Februar 1875, deutscher Marineoffizier (Kapitän z.S. seit 1919); trat 1893 in die kaiserliche Marine als Seekadett ein, war 1900 als Oberleutnant zur See auf SMS Iltis in Ostasien an der „Niederkämpfung der Takuforts" beteiligt, 1914 Kommandant SMS Stettin und von 1916 bis 1918 als Fregattenkapitän Kommandant des Hilfskreuzer SMS Wolf, dem umgebauten Handelsschiff Wachtfels (I) der Hansa-Reederei, auf 451 Tage währender, auf sich alleine gestellter Kaperfahrt in Gewässern in Südostasien, Australien und Neuseeland. Wolf wurde als der erfolgreichste Handelsstörer aller Zeiten weltbekannt. In der Weimarer Republik war Nerger Ehrendoktor der Medizin der Universität Rostock und Ehrenbürger der Hansestadt Rostock. Seit 1929 war er Leiter des Werkschutzes und Mitglied des Direktoriums der Siemens-Schuckertwerke in Berlin. 1945 wurde er in seiner Potsdamer Villa von Soldaten der sowjetischen Besatzungsmacht als „Angehöriger der Abwehr" verhaftet und im Speziallager Nr. 7, das die Sowjets auf dem Gelände des ehemaligen KZ Sachsenhausen eingerichtet hatte, interniert, wo er am 8. Januar 1947 72-jährig starb.

standssitzung der A.- und Z.-Stelle in Frankfurt a. Main statt, bei der die für den Geschäftsgang wichtigen und schwebenden Fragen besprochen wurden, und an der alle Vorstandsmitglieder teilnahmen. Die Tagesordnung enthielt u. a. folgende Punkte:

a) Der Geschäftsbericht 1935/1936 und Voranschlag für den Etat 1936/1937,
b) Neuaufnahmen von Mitgliedern,
c) Werkluftschutz, Werkluftschutzübungen,
d) Arbeiten im Normenausschuss und in verschiedenen anderen Arbeitsausschüssen,
e) Technischer Ausschuss des Feuerwehrbeirates,
f) Die Auswirkungen des Feuerlöschgesetzes auf die Werksfeuerwehren; das kommende Reichsfeuerlöschgesetz,
g) Der Internationale Kongress in Wien,
h) Auflösung des Deutschen Feuerwehrverbandes,
i) Arbeits- und Interessengemeinschaft Deutscher Feuerwehrorgane,
k) Berufung der A.- und Z.-Stelle (korporativ) in den Deutschen Feuerwehrbeirat,
l) Fragen der Organisation des Werkschutzes. Rundschreiben Nr. 136,
m) Neuwahl des Vorstandes,
n) Ort und Zeit der nächsten Tagung und Vorstandssitzung,
o) Verlauf der Tagung und der Besichtigungen in Frankfurt a. M., Rüsselsheim und Höchst.

Am 21. September 1936 fanden der Hauptverhandlungstag und die Sitzung der Mitglieder der A.- und Z.-Stelle im großen Saal des Hotels Frankfurter Hof in Frankfurt am Main statt.

Die A.- und Z.-Stelle konnte, nach dem Beitritt von 37 Firmen und Verbänden im Geschäftsjahr (darunter der Braunschweigische Landesfeuerwehrverband), mit dem 15. September 1936 einen Bestand von 260 Mitgliedern präsentieren. Wie den Worten des Geschäftsführers Lücke zu entnehmen war, war bereits ein Reichsfeuerlöschgesetz in Vorbereitung:

Es ergab sich daraus wieder eine recht umfangreiche Korrespondenz, und es wurden außerdem eine Anzahl von persönlichen Rücksprachen an Ort und Stelle notwendig.

Als wichtigste Ergebnisse einer Reihe von Besprechungen sind hierbei zu buchen:

1. Daß eine größere Anzahl von Werksfeuerwehren bereits ihre Anerkennung durch den Herrn Regierungspräsidenten als selbständige Feuerwehren neben den Ortsfeuerwehren erhalten haben, daß an vielen Orten auf dieser Basis die beste harmonische Zusammenarbeit mit den Nachbarwehren wiederhergestellt wurde, und daß sich an vielen Stellen bereits die Erkenntnis durchgesetzt hat, daß die Eingliederung der Werksfeuerwehren als Löschzüge in die Ortsfeuerwehren eine unzweckmäßige Lösung bedeutet,

2. *daß die A.- und Z.-Stelle durch den Herrn Reichsminister des Innern zur Vertretung der Interessen der Werksfeuerwehren korporativ als Mitglied des Feuerwehrbeirates berufen worden ist, und*

3. *daß die Reichsgruppe Industrie den Behörden ihre Stellungnahme bezüglich der Eingliederung der Werksfeuerwehren, übereinstimmend mit der der A.- und Z.-Stelle, mitgeteilt hat.*

Durch die Mitgliedschaft der A.- und Z.-Stelle im Feuerwehrbeirat besteht jetzt mehr als zuvor die Gewähr, daß vor Erlaß des in Aussicht stehenden Reichsfeuerlöschgesetzes die Anträge der A.- und Z.-Stelle bezüglich Einordnung der Werksfeuerwehren, wie sie für die industriellen Betriebe tragbar und für das gesamte Feuerlöschwesen von Nutzen ist, beraten werden. Insbesondere wird auch nun mit größerer Aussicht auf Erfolg wegen der Wiederherstellung der Stellung und der Rechte der seit Jahrzehnten behördlich, meistens durch das Ministerium des Innern anerkannten industriellen Berufsfeuerwehren verhandelt werden können.

Ebenso wie in früheren Jahren wurden auch jetzt wieder in allen einschlägigen Fragen die Interessen der Mitgliederfirmen und der Industrie besonders auch in geldlicher Beziehung wahrgenommen und die Mitgliederfirmen durch Hinweise vor Schäden und Verlusten geschützt.

Mit der Reichsgruppe Industrie, dem Feuerwehrbeirat und dem Technischen Ausschuß, dem Reichsverein Deutscher Feuerwehringenieure und seinen Arbeitsausschüssen, den Feuerwehrverbänden, Versicherungsgesellschaften, industriellen Verbänden, verschiedenen Körperschaften und zuständigen Behörden, hat der Vorstand im Interesse der Mitgliederfirmen und der industriellen Feuerwehren auch in diesem Geschäftsjahre enge Fühlung durch den Gesamtvorstand, durch einzelne Vorstandsmitglieder oder durch den Geschäftsführer gehalten.

Mit dem Fachverband österreichischer Werksfeuerwehren standen wir weiterhin im Gedankenaustausch.

Seit der Gründung der Arbeits- und Interessengemeinschaft Deutscher Feuerwehrorgane (November 1928) hat die A.- und Z.-Stelle als Mitglied in dieser neben dem DFV, RDF, FBP usw. mitgearbeitet.

Das Thema „Reichsfeuerlöschgesetz und die Werksfeuerwehren" wurde zunächst im nichtöffentlichen Teil der Vorstandssitzung behandelt. Geschäftsführer Lücke wies darauf hin, dass sich in der Angelegenheit seit den Ausführungen auf der Tagung im letzten Jahr nicht viel geändert habe, da das Reichsfeuerlöschgesetz immer noch nicht erschienen sei und auch wohl noch nicht sehr bald erscheinen werde, wie ihm kürzlich bei einer Besprechung Ministerialrat Dr. Christian Kerstiens mitgeteilt habe.[62] Der Vorstand der A.- und Z.-Stelle habe

---

[62] Über den Ministerialrat Christian Felix Ferdinand Maria Kerstiens, geboren am 15. Dezember 1893 zu Münster, lies ausführlich: Naas, Stefan, Die Entstehung des Preußischen Polizei-

sich aber während des abgelaufenen Jahres an vielen Orten immer wieder für die Interessen der Werkfeuerwehren in der Frage der Anerkennung eingesetzt und die Erfolge erzielt, die bereits im Geschäftsbericht angedeutet seien. Insbesondere halte er es für wichtig, dass nun die A.- und Z.-Stelle korporativ als Mitglied des Feuerwehrbeirates durch den Herrn Reichsminister des Innern berufen sei.

Befehlsgewalt auf dem Werksgelände geklärt

Dr.-Ing. Dietrich Rühl, Direktor der 1913 gegründeten Dornier-Metallbauten GmbH, Friedrichshafen, stellte die Frage, wie die Werkfeuerwehr im Falle eines Großfeuers auf dem Werksgelände mit der zuständigen Ortsteuerwehr zusammenzuarbeiten habe. Geschäftsführer Lücke erwiderte darauf, dass die Befehlsgewalt auf dem Werksgelände unbedingt in den Händen des Führers der Werkfeuerwehr liegen müsse. In verschiedenen Rundschreiben der A.- und Z.-Stelle sei dieser Standpunkt zum Ausdruck gebracht worden, der auch der der Reichsgruppe Industrie sei. Außerdem habe es sich bei verschiedenen Luftschutzübungen bereits auch praktisch gezeigt, dass es falsch sei, wenn der Führer der hinzugezogenen Ortsfeuerwehr die Befehlsgewalt übernehme. Man habe sogar bei der Kritik seitens der Behörden den Standpunkt vertreten, dass sich an der Brandstelle auch höhere Chargen der hinzugezogenen Ortsfeuerwehr oder werksfremder Feuerwehrkräfte unter Umständen den Werksfeuerwehrleuten zu unterstellen hätten, ohne Rücksicht auf den Dienstrang. Die Werkfeuerwehr müsse natürlich anerkannt sein, und außerdem dürften nicht etwa durch fehlerhaften Einsatz der Löschkräfte Gebiete außerhalb des Werksgeländes gefährdet werden.

Weitere ausführliche Ausführungen über das Thema „Reichsfeuerlöschgesetz und Werkfeuerwehren" folgten in der öffentlichen Sitzung.

In der öffentlichen Sitzung konnte der Vorsitzende, Karl August Nerger, Vertreter hoher und höchster Staatsstellen begrüßen, nämlich Vertreter der Reichs- und Länderregierungen, der verschiedenen Ministerien und der verschiedenen Organisationen der Nationalsozialistischen Deutschen Arbeiterpartei, der Geheimen Staatspolizei, Schutz-, Landes- und Baupolizei. Insbesondere begrüßte er den stellvertretenden Gauleiter, Stadtrat Gauamtsleiter für Technik Bernhard Boehm, die Herren Gauwirtschaftsberater Eckardt,[63] Treuhänder der Arbeit SS-Standartenführer F. J. Schwarz (ein ehemaliger Direktor der Dresdner Bank), Präsidenten des Landesarbeitsamtes Ernst Kretschmann, Vertreter des Heeres, der Kriegsmarine und der Luftwaffe, insbesondere Oberst Henke vom Reichs-

---

verwaltungsgesetzes von 1931, Beiträge zur Rechtsgeschichte des 20. Jahrhunderts, 41, Tübingen 2003, S. 184 f.

[63] Gauwirtschaftsberater (1937-1941) Karl Eckardt, leitender Angestellter der Adlerwerke „mit wachsenden Ambitionen", wird in der Literatur als „einer der übelsten und einflussreichsten Nazis in Hessen-Nassau" beschrieben (Kaiser, Ernst; Knorn, Michael, „wir lebten und schliefen zwischen den Toten", 1998, S. 40). Vgl. auch Meinl, Susanne; Zwilling, Jutta, Legalisierter Raub – Die Ausplünderung der Juden im Nationalsozialismus durch die Reichsfinanzverwaltung in Hessen, 2004, S. 55.

kriegsministerium, Ministerialrat Dr. Christian Zahn vom Heereswaffenamt und die Herren der Wehrkreiskommandos, Ministerialrat Ullfers vom Oberkommando der Marine, die Herren von der Marinewerft Wilhelmshaven und vom Marinearsenal Kiel, Ministerialrat Lindner und die Herren Sachbearbeiter vom Reichsluftfahrtministerium, den Flughafenkommandanten vom „Weltflughafen" Rhein-Main, Major Horst Freiherr Treusch von Buttlar-Brandenfels, das Oberhaupt der Stadt Frankfurt am Main, Oberbürgermeister Staatsrat Dr. jur. Friedrich Krebs, Branddirektor Dr. Georg Langbeck, den Vertreter des Herrn Polizeipräsidenten von Frankfurt, ferner die Feuerwehren Deutschlands: Oberbranddirektor Dipl.-Ing. Gustav Wagner für den Feuerwehrbeirat im Reichsministerium des Innern, eine Anzahl von Führern der Landesfeuerwehr-Verbände, Feuerlöschdirektoren, Wehrführer und Branddirektoren einer größeren Anzahl deutscher Städte, den Reichsverein Deutscher Feuerwehringenieure, sowie die zahlreich vertretenen Körperschaften und Verbände, Herren der Universität, der Technischen Hochschule, der Reichsbahn und der Reichspost, der Gewerbeaufsichtsämter, der Berufsgenossenschaften, der chemischen, physikalischen, bergbaulichen und luftfahrttechnischen Prüf- und Reichsanstalten, Reichsgruppe Industrie sowie der Industrie- und Handelskammern, der Technischen Nothilfe, des Reichsluftschutzbundes und der Werkluftschutzorganisation, der öffentlichen und privaten Versicherungsgesellschaften und ihrer Verbände, die Herren Vertreter verschiedener anderer Verbände, technischen Vereine, industrieller Großbetriebe, der Mitgliederfirmen „und insbesondere auch der Presse".

Branddirektor Dr. Langbeck, Leiter der Feuerlöschpolizei Frankfurt am Main, hielt den ersten Vortrag der Tagung, der durch Lichtbilder erläutert wurde, in dem er einen kurzen Überblick über die Feuerschutzeinrichtungen in Frankfurt a. M. und über den Feuerschutz auf dem Gelände des Weltflughafens gab. Abschließend sagte er:

„Der Feuerschutz der Stadt ist heute, den Grundsätzen des Feuerlöschgesetzes vom 15. Dezember 1933 entsprechend, der Feuerlöschpolizei anvertraut, die aus einer Berufsfeuerwehr und einer einen Kreisfeuerwehrverband bildenden Freiwilligen Feuerwehr besteht. Beide Feuerwehren bilden eine taktische Einheit unter der Leitung des Branddirektors. Pflichtfeuerwehren sind in Frankfurt nicht mehr vorhanden."[64]

---

[64] Stadtarchiv Ibbenbüren 37 0/85 und 86 (Bericht über die Tagung und über Besichtigungen 1935 in Braunschweig, dito 1936 in Frankfurt am Main), Tagungsband der Auskunfts- und Zentralstelle für Leiter und Dezernenten des Feuerschutzes und des Werkschutzes industrieller Unternehmen, 1939 (A.- und Z.-Stelle), Bericht über die Mitgliederversammlung und über die Besichtigungen am 20. und 21. März 1939 in Breslau. Vgl. http://www.bochumer-bunker.de/tagung_1936.html.

„Heil Hitler" statt „Gut Wehr" /
demokratische Wahl der Führungskräfte wurde abgeschafft

Gleichschaltung der Feuerwehren in Österreich

Als am 12. März 1938 deutsche Truppen in Österreich einmarschierten und am 13. März der Anschluss Österreichs an das Deutsche Reich vollzogen wurde, erfolgte auch ein Unterwerfen der österreichischen Feuerwehren unter den nationalsozialistischen Machtapparat.

Die einschneidenden Veränderungen wurden unmittelbar nach dem Anschluss spürbar. Die totalitäre NS-Ideologie duldete keine selbstständigen und eigenverantwortlich geführten Organisationen außerhalb des durch die NSDAP und seine Untergliederungen beherrschten Systems. Diese wurden entweder gleichgeschaltet oder zerschlagen.

Im Falle der freiwilligen Feuerwehren bedeutete das, dass diese des wesentlichsten Elements ihres Selbstverständnisses beraubt wurden: der Organisationsstruktur, die in Österreich sehr stark auf Eigeninitiative, Eigenverantwortung, Selbständigkeit und demokratischer Verfassung beruhte.

Die freiwilligen Feuerwehren verloren ihren Vereinsstatus. Sie wurden zu Einrichtungen der politischen Gemeinden und der Ordnungspolizei unterstellt. Der Feuerwehrhauptmann hieß ab nun „Wehrführer", Versammlungen waren „Appelle", der Feuerwehrgruß „Gut Wehr" wurde durch den so genannten deutschen Gruß „Heil Hitler" ersetzt. Die Feuerwehren durften bei kirchlichen Feiern nicht mehr in Uniform ausrücken. Ab nun galt das „Führerprinzip": Die demokratische Wahl der Funktionäre wurde abgeschafft, die „Wehrführer" und „Kreisführer" (Bezirkskommandanten) wurden durch die Behörden bestellt, Protokolle von Versammlungen waren nicht mehr vorgesehen und wurden auch nicht mehr verfasst.

Nach dem am 23. November 1938 erlassenen „Reichsfeuerlöschgesetz" und den dazugehörigen Durchführungsverordnungen war die Feuerwehr definiert als eine „nach Löscheinheiten gegliederte Hilfspolizeitruppe". Die Fahrzeuge wurden mit Blaulicht und neuem Folgetonhorn bzw. nach Einführung der Verdunklung mit Tarnscheinwerfern ausgestattet. Die Fahrt zum Einsatzort erfolgte bei völliger Dunkelheit.

Ab 1940 wurden Feuerwehrmänner bei Altmetallsammlungen und beim „Sammeltag der Deutschen Polizei" für das Winterhilfswerk eingesetzt. Außerdem wurden neue Uniformen eingeführt (dunkelblaue Blusen und schwarze Hosen) und die Dienstgrade und Hoheitszeichen mit dem Hakenkreuz versehen.

Durch die Einberufung vieler Feuerwehrmänner zur Wehrmacht nahm die Mannschaftsstärke der Feuerwehren ab 1940 spürbar ab. Dies wurde vorerst durch die Aufstellung von Hitlerjugend-Feuerwehrscharen zu kompensieren versucht. Später wurden bereits in die Reserve überstellte Feuerwehrmänner wieder in den aktiven Dienst übernommen, und ein Erlass des Jahres 1943 sah vor, dass

„im Rahmen des kurzfristigen Notdienstes auch Frauen für den Feuerwehrdienst verpflichtet werden konnten".

Auf die Anordnung des Reichsarbeitsministers, wonach Angehörige der freiwilligen Feuerwehr im Alter von 35 bis 50 Jahren, vor allem Bauarbeiter, zum Arbeitseinsatz im Osten eingezogen werden sollten, reagierte der Reichsführer SS und Chef der Deutschen Polizei 1942 mit einem Erlass, der es den Bürgermeistern übertrug, abzuwägen wie viele Feuerwehrmänner zum Osteinsatz freigestellt werden können, ohne die Einsatzbereitschaft der lokalen Feuerwehren zu sehr zu schwächen.

Ab Mitte 1944 mussten die Feuerwehrmänner einmal pro Monat an einem Sonntag an Schießübungen teilnehmen. 1945 wurden Feuerwehrmänner zum Volkssturm einberufen, um Panzersperren und andere Verteidigungsanlagen zu errichten.

Ein unrühmliches Kapitel ist allerdings die so genannte „Mühlviertler Hasenjagd" rund um Mauthausen am 2. Februar 1945. Es handelte sich um einen organisierten Ausbruch von ca. 400 sowjetischen Gefangenen aus dem KZ. Die Ausbrecher wurden wie in einer Treibjagd durch SS, Gestapo, Gendarmerie, freiwilliger Feuerwehr, Volkssturm und sogar von einem Teil der Bevölkerung verfolgt. Bis auf 17 Häftlinge wurden alle gefasst und sofort getötet.[65]

Die Situation in der Reichsgauhauptstadt Wien: Dem Anschluss an Deutschland folgte am 18. Oktober die Eingemeindung von 97 Gemeinden in den neu geschaffenen Großraum Wien. Hierbei wurden sämtliche freiwilligen Feuerwehren der Feuerwehr Wien unterstellt. Auf Grund des Reichsfeuerlöschgesetzes wurde die Wiener Berufsfeuerwehr in die Feuerschutzpolizei überführt. Sie erhielt 1938 die reichsdeutschen Normfahrzeuge Kraftzugspritze 8 (800 Liter/Minute Pumpenleistung),[66] Kraftspritze Typ 15 (1500 Liter/Minute Pumpenleistung) und Typ 25 (2500 Liter/Minute Pumpenleistung), Löschfahrzeug 8 und Löschfahrzeug 15, Spritze 3 (300 Liter/Minute Pumpenleistung), Spritze 4 (400 Liter/Minute Pumpenleistung), Spritze 5 (500 Liter/Minute Pumpenleistung) und die Löschgruppe 1:8 (ein Fahrer und acht Mann Besetzung), die B-Schläuche und die B+C-Normkupplungen.

Im Wiener Gemeindegebiet wurde im Rahmen der Luftschutzpolizei 1940 ein Feuerlösch- und Entgiftungsdienst eingerichtet. Es wurden 35 Bereitschaften gebildet.[67]

---

[65] Seng, Sebastian, Österreich unterm Hakenkreuz – Die Ostmark: Der Nationalsozialismus in Österreich, Referat/Schulaufsatz, 2000, o. S.
[66] Die Kraftzugspritze 8 (KzS 8) wurde auch als „Katze" bezeichnet. Die Beschaffung wurde bereits 1934 durch das Reichsluftfahrtministerium in Auftrag gegeben. Das auf einem Opel 1,0/1,5-t-Fahrgestell aufgebaute Löschgruppenfahrzeug leistete mit seinem 6-Zylinder-4-Takt-Ottomotor bei einem Hubraum von 1932 Kubikzentimetern insgesamt 36 PS und erreichte damit eine Höchstgeschwindigkeit von 75 Kilometern pro Stunde. Die Pumpe wurde mittels Anhänger mitgeführt, Mannschaft: eine Löschgruppe. Der Aufbau entstand bei der Firma Koebe in Luckenwalde.
[67] http://www.ff-gumpoldskirchen.at/feuerwehr-chronik.htm.

Unter dem Hakenkreuz

2) 1939-1945 – Herangezogen zu Kriegsdiensten

„Feuerwehrscharen der Hitler-Jugend" wurden als Ergänzungskräfte herangezogen / Schlagkraft war unter allen Umständen zu erhalten

Eine harte Zeit für Deutschlands Feuerwehren

Am 1. September 1939 wurde der Sicherheits- und Hilfsdienst aufgerufen: Der für Deutschland und die Welt unglückselige Zweite Weltkrieg war ausgebrochen. Im Rahmen des „Zivilen Luftschutzes" mussten die Fenster und Häuser abends verdunkelt sein. Englische Flugzeuge flogen schon bald Angriffe auf Hannover und Braunschweig. Der Zweite Weltkrieg war für alle Feuerwehren in ganz Deutschland eine harte Zeit. Viele junge Kameraden wurden eingezogen, mit fortschreitendem Krieg auch mehr und mehr Männer mittleren Alters. In diesen Jahren halfen erstmals Frauen in den Feuerwehren.

Es war die große Bewährungsprobe für die freiwillige Feuerwehren: Der Großteil der aktiven Feuerwehrleute wurde schon bald nach Kriegsbeginn eingezogen, die entstandenen Lücken sollten aus den Reihen der Jugendlichen geschlossen werden. Bereits am 28. Juni 1939 hatte der Reichsführer SS und Chef der deutschen Polizei mit dem Reichsjugendführer eine Vereinbarung getroffen, die das Heranziehen von Mitgliedern der Hitlerjugend (HJ) zum Feuerwehrdienst vorsah. Danach sollte die Hitlerjugend nach Bedarf Hilfskräfte für den Feuerlöschdienst zur Verfügung stellen.

Die reichsweit aufgestellten „Feuerwehrscharen der Hitler-Jugend" wurden als Ergänzungskräfte für die Feuerwehr herangezogen. Das Mindestalter wurde auf 15 Jahre festgesetzt, die Körpergröße sollte mindestens 1,65 Meter betragen, die Ausbildung durch „geeignete" Feuerwehrführer erfolgen.

700000 Jungen sind durch die Feuerlöschausbildung gegangen.

Feuerschutzpolizei-Regimenter

Unter dem Eindruck der Folgen der deutschen Luftangriffe auf Warschau (24./25. September 1939) entwickelte das Hauptamt der Ordnungspolizei Überlegungen zur Aufstellung mobiler und daher überörtlich einsetzbarer Feuerlöschkräfte. Diese sollten dem Vormarsch der Wehrmacht folgen und für den Brand- und Luftschutz in den besetzten Gebieten sorgen.

Für die motorisierten Verbände der Feuerschutzpolizei war eine Regimentsstärke vorgesehen. Die Einheiten sollten militärisch organisiert und geführt werden. Als Ergebnis dieser Überlegungen entstanden zwischen 1939 und 1942 insgesamt sechs Feuerschutzpolizei-Regimenter.[68]

Mit der ersten Durchführungsverordnung zum Gesetz über das Feuerlöschwesen (Organisation der Feuerschutzpolizei) vom 27. September 1939 richtete man in

---

[68] Haase, Joachim; Jarausch, Dieter, Die Feuerwehr-Regimenter im zweiten Weltkrieg, Teil 2, vfdb-Referat 11, Referatsbericht Nr. 18, Stuttgart 1990.

Dresden eine Feuerschutzpolizei ein, in die die Dresdner Berufsfeuerwehr übergeleitet wurde.[69]

Der Kreisfeuerwehrführer Celle-Land in Winsen/Aller, Heinrich Helms, meldete dem Herrn Bezirksfeuerwehrführer in Lüneburg am 15. Oktober 1939 den Stand des Feuerlöschwesens im Kreisfeuerwehrverband Celle-Land:[70]

> *1. Stärke:*
> *Im Kreisfeuerwehrverband Celle-Land sind 72 Freiw. Feuerwehren, 7 Löschtrupps u. 1 Werksfeuerwehr mit einer Mannschaftsstärke von 1868 Mann. [Einschließl. Altersabteilung]*
> *In Ausbildung befinden sich 350 Mitgl. der Hitler-Jugend.*
> *Hierzu kommen 89 Pflichtfeuerwehren.*
> *2. Ausrüstung:*
> *An Geräten stehen den Wehren zur Verfügung 25 Motorspritzen, 88 Handdruckspritzen u. 7 fahrbare Leitern.*
> *An Schläuchen sind vorhanden 8000 m B u. 17238 m C=Schläuche.*
> *Die Motorspritzenwehren der Löschbezirke sind mit 11 automobilen Mannschaftswagen ausgerüstet, sonst sind durch den Herrn Landrat geeignete Kraftfahrzeuge für den Feuerlöschdienst zur Verfügung sichergestellt.*
> *Gasmasken sind in jeder Wehr genügend vorhanden. An schweren Sauerstoffapparaten stehen dem Kreisverband 5 88 Stück zur Verfügung.*

Sieben Durchführungsverordnungen

Aufschlussreich sind die Durchführungsverordnungen zum Reichsfeuerlöschgesetz, die nach Ausbruch des Krieges vom Reichsminister des Innern, Wilhelm Frick, im Einvernehmen mit dem Stellvertreter des „Führers", dem Oberkommando der Wehrmacht, dem Reichsminister der Luftfahrt und Oberbefehlshaber der Luftwaffe und dem Reichsminister der Finanzen veröffentlicht wurden. Das waren im Einzelnen:

die Erste Durchführungsverordnung zum Gesetz über das Feuerlöschwesen (Organisation der Feuerschutzpolizei) vom 27. September 1939 (RGBl I S. 1983),

die Zweite Durchführungsverordnung zum Gesetz über das Feuerlöschwesen (Verhalten bei Brandfällen) vom 9. Oktober 1939 (RGBl I S. 2024),

die Dritte Durchführungsverordnung zum Gesetz über das Feuerlöschwesen (Organisation der Freiwilligen Feuerwehr) vom 24. Oktober 1939 (RGBl I S. 2096),

die Vierte Durchführungsverordnung zum Gesetz über das Feuerlöschwesen (Organisation der Pflichtfeuerwehr) vom 24. Oktober 1939 (RGBl I S. 2100),

---

[69] Akten zum Feuerlöschwesen in der Stadt Dresden befinden sich u. a. im Stadtarchiv Dresden (Bestand Feuerpolizei und Feuerwehramt).
[70] Nds. HptStA Hann. 180 Lün. Acc. 3/008 Nr. 87/12.

...., am .... 19......

Aktenzeichen: ....

An Herrn ....

in ....

Polizeiliche Verfügung

Auf Grund des Gesetzes über das Feuerlöschwesen vom 23. 11. 1938 (RGBl. I S. 1662) in Verbindung mit § 4 der Vierten Durchführungsverordnung zum Gesetz über das Feuerlöschwesen (Organisation der Pflichtfeuerwehr) vom 24. 10. 1939 (RGBl. I S. 2100) werden Sie hiermit zum Pflichtfeuerwehrdienst herangezogen.

Sie haben sich zur Entgegennahme näherer Anweisungen am .... um .... Uhr bei der unterzeichneten Behörde einzufinden. Dabei ist der in der Anlage beigefügte Vordruck wahrheitsgemäß ausgefüllt mitzubringen.

Diese Heranziehung verpflichtet Sie zur regelmäßigen und pünktlichen Teilnahme an jedem Dienst in der Pflichtfeuerwehr.

Gegen diese Verfügung ist Ihnen nach § 15 der Vierten Durchführungsverordnung zum Gesetz über das Feuerlöschwesen (Organisation der Pflichtfeuerwehr) das Rechtsmittel der Beschwerde gegeben. Sie ist innerhalb zwei Wochen schriftlich oder zur Niederschrift während der Dienststunden bei der unterzeichneten Behörde einzulegen. Die Beschwerde hat keine aufschiebende Wirkung.

Zuwiderhandlungen gegen die Ihnen durch die Heranziehung auferlegten Pflichten können auf Grund des § 16 der Vierten Durchführungsverordnung zum Gesetz über das Feuerlöschwesen (Organisation der Pflichtfeuerwehr) mit Geldstrafe bis zu 150 RM., im Nichtbeitreibungsfalle mit einer Haftstrafe bis zu 2 Wochen bestraft werden.

....
(Behörde)

(Siegel)

....
(Unterschrift)

Bestell-Nr. 38001: Polizeiliche Verfügung über Heranziehung zur Pflichtfeuerwehr – Amtliches Muster
Deutscher Gemeindeverlag GmbH, Berlin NW 7

Schon leicht vergilbt: Heranziehung zum Pflichtfeuerwehrdienst, 1939. Sammlung: Blazek

die Fünfte Durchführungsverordnung zum Gesetz über das Feuerlöschwesen (Erstattung des Lohnausfalls an die Mitglieder der Feuerwehren) vom 6. November 1939 (RGBl I S. 2172),

die Sechste Durchführungsverordnung zum Gesetz über das Feuerlöschwesen (Amt für Freiwillige Feuerwehren) vom 3. Januar 1940 (Reichsgesetzblatt I S. 20), Erlass vom 11. März 1942 (Ministerialblatt des Reichs- und Preußischen Ministeriums des Innern S. 566),

die Siebente Verordnung zum Gesetz über das Feuerlöschwesen (Organisation der Werkfeuerwehr) vom 17. September 1940 (RGBl I S. 1250),

die Verordnung zur Änderung der Dritten Durchführungsverordnung zum Gesetz über das Feuerlöschwesen vom 6. August 1941 (RGBl I S. 489).

Bis zum September 1941 hatte das Gesetz über das Feuerlöschwesen, einschließlich der Runderlasse und des Kommentars, einen Umfang von 672 Seiten angenommen.

Laut der Dritten Durchführungsverordnung vom 24. Oktober 1939 waren sämtliche Feuerwehrvereine aufgelöst und zur Hilfspolizeitruppe ernannt. Und dann heißt es da, aus heutiger Sicht völlig unverständlich:

§ 4

Juden können nicht der Freiwilligen Feuerwehr angehören. Jüdische Mischlinge können nicht Vorgesetzte sein. Jeder, der einer Freiwilligen Feuerwehr beitreten will, ist über den Begriff des Juden (vgl. § 5 der Ersten Verordnung zum Reichsbürgergesetz vom 14. 11. 1935) zu unterrichten. Er hat in seinem Aufnahmegesuch folgende schriftliche Erklärung beizufügen: „Mir sind nach sorgfältiger Prüfung keine Umstände bekannt, die die Annahme rechtfertigen, daß ich ein Jude bin. Über den Begriff des Juden bin ich unterrichtet worden. Mir ist bekannt, daß ich die sofortige Entlassung aus der Wehr zu gewärtigen habe, falls diese Erklärung sich als unrichtig erweisen sollte."

§ 6

(1) Bei der Aufnahme leistet der Feuerwehrmann (SB) in feierlicher Form vor versammelter Wehr auf den Führer folgenden Eid:

„Ich schwöre: Ich will dem Führer des Deutschen Reiches und Volkes, Adolf Hitler, die Treue wahren, ihm und meinen von ihm bestellten Vorgesetzten Gehorsam leisten und meine Dienstpflichten pünktlich und gewissenhaft erfüllen."

Mit der Wiedergabe dieser beiden Paragraphen soll versucht werden, den damaligen Zeitgeist zu erklären.

Das erklärte Ziel des Nationalsozialismus, die Feuerschutzpolizei und die Feuerwehren unter die staatliche Aufsicht zu stellen, war erreicht. Immerhin hatten die Feuerwehren mehr als fünf Jahre lang noch ihre Eigenständigkeit bis zu einem gewissen Grad verteidigen können.

Seit 1935 waren die Planungen zur Zusammenfassung des gesamten deutschen Polizeiwesens auf Reichsebene gelaufen. Hierbei sollte die Machtposition des

Reichsführers SS Himmler gestärkt werden. Der damalige Reichsinnenminister, Wilhelm Frick, erkannte diesen Machtzuwachs zu spät. Er konnte nur noch erreichen, dass Himmler nicht in den Rang eines Ministers erhoben wurde, sondern nur in den Rang eines Staatssekretärs. Auch wurde er nicht den Oberbefehlshabern von Heer und Marine gleichgestellt.

Ende 1939 wurden die Feuerwehrverbände aufgelöst. In Thüringen erfolgte die Auflösung des Landesfeuerwehrverbandes am 25. November 1939.

Der Runderlass des Reichsführers SS und Chefs der Deutschen Polizei vom 27. Dezember 1939 (RMBliV 1940 S. 9) nahm Bezug auf Paragraph 11 Absatz 4 und 5 der Dritten Durchführungsverordnung zum Gesetz über das Feuerlöschwesen (Organisation der Freiwilligen Feuerwehr) und regelte die Dienstgradbezeichnungen und Dienstgradabzeichen der freiwilligen Feuerwehren neu. Die Dienstbezeichnungen wurden völlig abgeändert und lauteten von unten nach oben jetzt: Truppmann, Obertruppmann, Haupttruppmann, Truppführer, Obertruppführer, Haupttruppführer, Zugführer, Oberzugführer, Hauptzugführer. In Sammelverzeichnissen waren die Namen der Feuerwehrmitglieder einzutragen, daneben der Geburtstag, Wohnort, Straße, Beitrittsdatum, bisheriger Dienstgrad, Führer (oder Stellvertreter) welcher Einheit und „Vorschlag: Jetziger Dienstgrad". So wurden aus einem Brandmeister, der eine ländliche freiwillige Feuerwehr führte, der Obertruppführer und seinem Stellvertreter, ehemals Löschmeister, der Truppführer.

Im neuen Jahr erhielten die Feuerwehrleute ihre Ernennungsurkunden und wurden zu Hilfspolizeibeamten bestellt.

Auf Grund des Reichsfeuerlöschgesetzes und den dazu erlassenen Durchführungsverordnungen wurde aus der Feuerwehrfachschule Loy die „Oldenburgische Landesfeuerwehrschule", da alle in Ländern bestehenden Schulen der Aufsicht dieser Länder unterstellt wurden.

Neues Amt Feuerwehren im Hauptamt Ordnungspolizei

Auf der Grundlage der Sechsten Durchführungsverordnung zum Gesetz über das Feuerlöschwesen, die vom 3. Januar 1940 datierte, wurde im Hauptamt Ordnungspolizei in Berlin das Amt Feuerwehren unter Leitung des Provinzialfeuerwehrführers Walter Schnell aus Celle eingerichtet.

Das Amt Freiwillige Feuerwehren gehörte zum Amtsgruppenkommando III im Hauptamt Ordnungspolizei und unterstand SS-Obergruppenführer Kurt Daluege. Aufgabe des Amtes war die selbstständige Regelung des technischen und allgemeinen Dienstbetriebs der freiwilligen Feuerwehren, insbesondere die Durchführung des Übungsdienstes, die Verwaltung und Pflege der Geräte, Schläuche und Bekleidung.

Da die Landesverbände nun aufgelöst waren, waren die – mitunter stark angehobenen – Beiträge der Feuerwehren künftig an diese Behörde zu entrichten.

Walter Schnell war von dem für das preußische Amt zuständigen Bürgermeister Dr. Rudolf Müller aus Ibbenbüren „im freundlichen Einvernehmen" vorgeschlagen worden. Müller war den politischen Gremien in Berlin nicht genehm gewesen. Schnell gehörte zu dieser Zeit zu den Repräsentanten der freiwilligen Feuerwehren in Deutschland. Er war aktives Mitglied in vielen Feuerwehrgremien und hatte dafür eine Vielzahl hoher Auszeichnungen erhalten.

Einheitliche Fahrzeugbauvorschriften wurden ab dem 16. Februar 1940 erlassen, wobei unter anderem zwischen drei Löschfahrzeugen unterschieden wurde: Leichtes Löschgruppenfahrzeug (LLG, das spätere LF 8), Schweres Löschgruppenfahrzeug (SLG, das spätere LF 15) und Großes Löschgruppenfahrzeug (GLG, das spätere LF 25).

General-Anzeiger für Schaumburg-Lippe und die Umgegend von Hannover: Meldung aus Bückeburg vom 25. April 1940. Repro: Blazek

Feuerschutzpolizei-Regiment 1 „Sachsen" in Frankreich

Am 12. Mai 1940 erfolgte der deutsche Einmarsch in Frankreich. Auch in diesem Nachbarland wurden deutsche Strukturen eingeführt. Abteilungen des Feuerschutzpolizei-Regiments „Sachsen" wurden dorthin verlegt. Der Militärbefehlshaber in Frankreich gab aus dem Kommandostab Abteilung Ia, Paris, den 31. Januar 1942, seinen Lagebericht für Dezember 1941/Januar 1942 ab. Eingestuft wurde der Bericht als „Geheime Kommandosache". Über den Feuerschutz meldete er:[71]

> *Feuerschutz: Im Einsatz des III./Feuerschutzpolizeiregimentes 2 keine Veränderungen.*
>
> *Die Einheiten der Feuerschutzpolizei sind vom 2.12.1941 bis 26.1.42 17mal bei größeren Bränden eingesetzt worden.*

Verbindungsstäbe, so genannte Feldkommandanturen, wurden in den besetzten Gebieten eingerichtet. Sie beaufsichtigten die Verwaltung der besetzten Gebiete, die dortigen Feuerwehren, die deutschen Kreiskommandanturen und die deut-

---

[71] http://www.ihtp.cnrs.fr/prefets/de/d1241_0142mbf.html.

schen Besatzungstruppen. Der Stab war auch Justiziarstelle für deutsche Besatzungstruppen und die einheimische Bevölkerung, er war für folgende Tätigkeiten verantwortlich: Festlegen der Verdunkelung, Warnung vor Feindpropaganda, Propaganda für neue Filme, Festlegen von Gottesdienstzeiten, Verwaltung französischer Arbeitskräfte, Fundsachen, Verlustmeldungen, Luftschutz, ärztlicher Bereitschaftsdienst, städtische Bäder, Schutzimpfungen, Putzfrauen, Verlegung von Diensträumen, Übungen, Schießstände, Sportplätze, Jagd, Soldatenheime, Fahndungen, Konzerte etc. Der Stab leitete die Bereitstellung von Quartieren, die Bereitstellung von gemieteten Fahrzeugen und von einheimischen Arbeitskräften. Er hatte einen Mitarbeiterstab bis zu 16 Mitarbeitern mit den Abteilungen: innere Verwaltung, Ernährungs- und Landwirtschaft, gewerbliche Wirtschaft, Arbeitseinsatz, Straßenverkehr und eventuell auch Waldwirtschaft.

In Frankreich bestanden Feldkommandanturen unter anderem in Brest, Chartres, Dijon, Fontainebleau, La Rochelle, Montargis, Nantes und Orléans, in Belgien in Antwerpen, Brügge und Mons. Aus Chartres wird berichtet:[72]

> *Ihre Fürsorge ging soweit, dass sie forderte, dass Salz dem Wasser in den Reservoiren der Speicher hinzugefügt wurde, um zu verhindern, dass es einfror. Aus Fürsorgegründen ließ sie von den Firmen Bianchi und Milcent auf der Place des Epars, bei der Statue de Marceau, ein Wasserbassin errichten. Jene wurden übrigens nicht eher bezahlt, bevor sie die Rechnungen vorlegten (680851 Francs beziehungsweise 15896 Francs) – nach der Befreiung.*

Lehrgang in Celle, ca. 1940, vor Hauseingang 13, in der Bildmitte Wilhelm Flachsbart.
Foto: Karl-Georg Flachsbart

---

[72] Deville, Joan, Histoire de la lutte contre le feu à Chartres des origines à 1957, Chartres 1957, S. 182.

A. Bereitschaft der Kraftspritze im Spritzenhaus.

Kraftstoffhahn (23) muß geschlossen sein; Knebel muß wagrecht stehen.
Kraftstoffbehälter (20) muß mit Benzin-Ölgemisch gefüllt sein.
Mischverhältnis 1:20?), d. i. 1 Ltr. Öl auf 20 Ltr. Kraftstoff.
Nur SHELL AUTOOEL verwenden!
Das Mischen muß in einem besonderen Gefäß vorgenommen werden.
Das Gemisch darf erst nach gutem Durchmischen in den Behälter gefüllt werden.
Die Schmierstellen (18) und (19) müssen mittels einer Schmierpresse mit säurefreiem Staufferfett bzw. Kugellagerfett gefüllt sein.
Hahn an linker Schmierstelle muß nach oben stehen, d. h. Pumpe muß mit Motor gekuppelt sein.
Entleerungshahn (11) der Pumpe muß geöffnet sein; Knebel muß nach der Seite zeigen.
In Saug- und Druckstutzen (2), (5), (7) müssen ordnungsgemäße Gummiringe vorhanden sein.

*) Eine andere Mischung ist nur vorzunehmen, wenn sie ausdrücklich auf der Behälter angebrachten Bedienungsvorschrift vermerkt ist.

B. Inbetriebsetzen.

a) Arbeiten aus offenen Gewässern:

Saugschlauch (4) an Saugstutzen (2) fest ankuppeln.
Saugkorb an Saugschlauchende ankuppeln und mindestens 15 cm unter Wasser legen. Kupplung zwischen Saugschlauch und Saugkorb muß unter Wasser liegen.
Druckschlauch (8) ankuppeln.
Absperrventile (9) und (10) an den Druckausgängen der Pumpe schließen.
Kühlwassertopf (28) mit reinem Wasser auffüllen.
Nach dem Auffüllen Kühlwassertopf wieder mit Deckel verschließen.
Entleerungshahn (11) der Pumpe schließen; Knebel senkrecht stellen.
Sich versichern, daß Diabalghähne (26) sowie Kühlwasserzusatzventil (10) an Motor geschlossen sind.
Sich versichern, daß Gasstrahlerhebel (14) auf „Betrieb" steht.
Kraftstoffhahn (23) öffnen. (Knebel nach unten stellen.)
Startvergaserhebel (27) auf „Start" stellen. (Nur bei 400 Ltr.-Spritze.)
Tupfer am Vergaser drücken, bis Vergaser tropft.

Aus der Betriebsanleitung der Kraftspritze „Flader 800" von 1940: Bereitschaft der Kraftspritze im Spritzenhaus und Inbetriebsetzen. Repro: Blazek

Beginn der Bombenangriffe auf Deutschland

Mit dem Angriff der Royal Air Force auf Mönchengladbach mit 35 Bombern in der Nacht auf den 12. Mai 1940 begannen die Bombenangriffe auf Deutschland. Das fünf Jahre währende Bombardement deutscher Städte und Gemeinden im Zweiten Weltkrieg ist ohne Vergleich in der Geschichte. Über 500000 Zivilisten starben im deutschen Bombenkrieg, darunter fast 80000 Kinder. In den Städten mit mehr als 100000 Einwohnern wurde im Durchschnitt fast die Hälfte aller Häuser zerstört. In vielen Orten waren es wesentlich mehr: in Düren 99, in Würzburg 74, in Köln 70 Prozent.

> **Meinsen,** 6. Juni. (Kommiss. Kreisführer der Freiw. Feuerwehren) Der Wehrführer der Freiw. Feuerwehren Bückeburg-Land, Pg. Wilhelm Vogelfang, Meinsen Nr. 83, wurde vom Landrat des Kreises Bückeburg in seiner Eigenschaft als Kreispolizeibehörde zum kommissarischen Kreisführer der Freiwilligen Feuerwehren der Landgemeinden und Gutsbezirke des Kreises Bückeburg ernannt.

General-Anzeiger für Schaumburg-Lippe und die Umgegend von Hannover: Meldung aus Meinsen vom 6. Juni 1940. Repro: Blazek

Nach einem Verzeichnis der Wehrführer des Kreises Burgdorf, das vom Kreisfeuerwehrführer aufgestellt wurde und einen Eingangsstempel vom 24. März 1941 trägt, waren im Kreis Burgdorf 19 Tragkraftspritzen und immerhin noch 33 Handdruckspritzen im Einsatz.[73]

> **Horsthöfe,** 6. Febr. (Feuer.) Ein Schadenfeuer entstand am Montagabend im Wirtschaftsgebäude des Bauern Hartmann Nr. 1. Dank der energischen Bekämpfung mit der Motorspritze aus Stadthagen, die gegen 10 Uhr abends unter Wehrführer Bredemeier eintraf und mit Unterstützung der Wehren Niedernwöhren, Meerbeck, Volksdorf und Nordhiel unter Kreisfeuerwehrführer Buiche-Nienstädt gelang es bald, des Feuers Herr zu werden. Auf dem Boden lagernde 15 Fuder Heu wurden ein Raub der Flammen bezw. waren zum Gebrauch nicht mehr zu verwenden.

General-Anzeiger für Schaumburg-Lippe und die Umgegend von Hannover: Meldung aus Horsthöfe vom 6. Februar 1941. Repro: Blazek

In einem Runderlass vom 9. April 1941 forderte der Reichsführer SS dazu auf, dass mit allem persönlichen Einsatz von Hitlerjugend und zu verpflichtenden geeigneten Volksgenossen die freiwilligen Feuerwehren mindestens auf dem Vorkriegsstand zu haken seien. Für die unter allen Umständen zu erhaltende Schlagkraft der freiwilligen Feuerwehren machte der Erlass in erster Linie die Bürgermeister und Ortspolizeiverwalter verantwortlich. Bei Versagen sollten in jedem Fall die Ursachen geprüft und die Verantwortlichen zur Rechenschaft gezogen werden. Wenn sich auch zahlreiche „Hitlerjungen" freiwillig zum Dienst in der Feuerwehr bereiterklärten, so konnten die Bürgermeister darüber hinaus auch weitere Jugendliche durch Verpflichtungsschein zum Dienst in der Feuerwehr heranziehen. Bei Weigerung konnte ein Zwangsgeld oder Haft angedroht werden.

---

[73] Nds. HptStA Hann. 180 Lün. Acc. 3/008 Nr. 87/10.

Horsthöfe, 6. Febr. (**Feuer.**) Ein Schadenfeuer entstand am Montagabend im Wirtschaftsgebäude des Bauern Hartmann Nr. 1. Dank der energischen Bekämpfung mit der Motorspritze aus Stadthagen, die gegen 10 Uhr abends unter Wehrführer Bredemeier eintraf und mit Unterstützung der Wehren Niedernwöhren, Meerbeck, Volksdorf und Nordsehl unter Kreisfeuerwehrführer Busche-Nienstädt gelang es bald, des Feuers Herr zu werden. Auf dem Boden lagernde 15 Fuder Heu wurden ein Raub der Flammen bezw. waren zum Gebrauch nicht mehr zu verwenden.

General-Anzeiger für Schaumburg-Lippe und die Umgegend von Hannover: Meldung aus Hespe vom 20. Februar 1941. Repro: Blazek

Steinhude, 3. April. (**Großalarmübung der Freiw. Feuerwehr Steinhude, erstmalige Einsetzung der HJ.-Sondergruppen.**) Am Dienstagabend fand im Beisein des Herrn Inspektor Bültemeyer vom Landratsamt Stadthagen, Kreisführer der Freiwilligen Feuerwehr Busche-Nienstädt, Oberluftschutzführer Heeb-Bückeburg und Wehrführer Bredemeier-Stadthagen eine Einsatzübung der Freiwilligen Feuerwehr Steinhude statt. Hinzugezogen wurden noch die Wehren von Großenheidorn, Altenhagen und Hagenburg. Angriffsziel was diesmal das Lebensmittellager Schäfer in Steinhude. Um 18.22 Uhr ertönten in Steinhude die ersten Signale und schon nach 7 Minuten um 18.29 Uhr rückte die Steinhuder Wehr mit zwei Motorspritzen aus. 18.36 Uhr wurde das erste Wasser gegeben. Der Löschzug Hagenburg war in 39 Minuten, der Löschzug Altenhagen in 38 Minuten und der Löschzug Großenheidorn in 44 Minuten zur Stelle. Anschließend an diese Uebung fand eine Kritik statt, in der der Kreisführer Busche allen erschienenen Wehren seine volle Anerkennung aussprach. In einer kurzen Ansprache wies auch Herr Inspektor Bültemeyer auf die Notwendigkeit eines wirksamen Feuerschutzes hin und dankte den Betriebsführern der Firmen F. u. W. Thiele sowie Schäfer, Steinhude, die neuerdings eine eigene Motorspritze angeschafft haben. Vor einigen Wochen fand in Stadthagen eine Besprechung zwischen einem Vertreter der Gebietsführung der HJ. in Münster sowie dem Abschnittsinspekteur der Freiwilligen Feuerwehr für Westfalen mit Kreisführer und einigen Wehrführern statt, in welcher die Abstellung der HJ.-Gruppen für die Freiwillige Feuerwehr besprochen wurde. In allen Orten Schaumburg-Lippes sind jetzt HJ.-Gruppen aufgestellt, die sich im nächsten Vierteljahr nur dem Feuerwehrdienste widmen, um dann wieder zu ihren HJ.-Einheiten zurückzukehren und einen gemischten Dienst ausführen. Mit 18 Jahren können diese Jungen dann der Freiwilligen Feuerwehr beitreten, sodaß die Nachwuchsfrage der Feuerwehr sichergestellt ist. In der Seeprovinz wurden bei der letzten Uebung erstmalig Kräfte der HJ. eingesetzt und man muß sagen, daß die Jungen mit großem Eifer bei der Sache waren.

General-Anzeiger für Schaumburg-Lippe und die Umgegend von Hannover: Meldung aus Steinhude vom 3. April 1941. Repro: Blazek

Kriegsbedingte Erfordernisse, so hieß es in der betreffenden Anordnung, zwangen den Verlag der ab 1. Juli 1937 unter dem Zwang der politischen Verhältnisse in „Mainfränkische Feuerwehr-Zeitung" umbenannten Feuerwehrzeitschrift für Unterfranken, die Herausgabe ab 1. Juni 1941 einzustellen. Die Feuerwehren wurden angewiesen, sich künftig die im gesamten Deutschen Reich verbreitete Feuerwehrzeitung zu bestellen.[74]

In der Versammlung der Freiwilligen Feuerwehr Obershagen (LK Burgdorf) am 12. Juli 1941 beim Kameraden Willi Beerbom wurden den Männern polizeiliche Verfügungen verteilt. Auch wurde die Dienstzeit der Kameraden festgestellt.

Nienhof

Feuer. Wie wir ergänzend zu unserem gestrigen Bericht über den Hausbrand des Landwirts und stellv. Wehrführers Albert Linneweh erfahren, brach das Feuer im Dachstuhl aus. Dank sofortigen Eingreifens der Freiwilligen Feuerwehr Nienhof unter Einsatz der Kraftspritze konnten die Wohnräume sowie die Umfassungsmauern vor der Vernichtung bewahrt bleiben. Dachstuhl und Futtervorräte fielen dem Feuer zum Opfer.

Am 15. Juli 1941 brannte es beim Landwirt und stellvertretenden Wehrführer Albert Linneweh in Nienhof (LK Celle). Cellesche Zeitung vom 18. Juli 1941. Repro: Blazek

Im Juli 1941 fand auf dem Wulfschen Hof, Niedernhagen 15 in Lüdersfeld, die Abnahmeprüfung der Feuerwehr-HJ statt, die einer Wehrmachtskompanie ähnlicher sah als einer Ortswehr. Foto: Ortsfeuerwehr Lüdersfeld, Repro: Blazek

---

[74] Drutzel, Kurt, Geschichte der Aschaffenburger Feuerwehr, in: Festschrift zum 125-jährigen Jubiläum der Freiwilligen Feuerwehr Aschaffenburg, Aschaffenburg 1987, S. 57.

**Der Kreisführer
der freiwilligen Feuerwehr**
als feuerwehrtechnischer Aufsichtsbeamter
des Landrats in Celle
Winsen (Aller)

Winsen/Aller, den 21. September 1942

Bezirksführer F. F.
Reg. Bez. Lüneburg
Eing. _____ Ausg. _____
Tagb. _____ Tagb. _____

An den

Abschnittsinspekteur
der Freiw. Feuerwehr

C elle
Wittingerstr.

Betr.: Beschaffung von Feuerwehrfahrzeugen für den Kreis
Celle - Land.

Es werden benötigt:

   2 SLG (Celle/Land, Nienhagen)

   5 LLG (Winsen/Aller, Beckedorf, Unterlüß, Müden, Beedenbostel.)

   9 TS + TSA (Adelheidsdorf, Jeversen, Hohne, Thören, Unterlüß, Winsen/Aller, Hambühren Beedenbostel, Hustedt,)

Davon sind bereits beantragt, bzw. finanziell gesichert:

   2 SLG

   3 LLG ohne TS + TSA

   4 TS + TSA

Kreisführer.

Am 21. September 1942 meldete der Kreisführer der Freiwilligen Feuerwehr in Winsen (Aller), Heinrich Helms, dem Abschnittsinspekteur der Freiwilligen Feuerwehr in Lüneburg seinen Bedarf an. Nds. HptStA Hann. 180 Lün. Acc. 3/055 Nr. 672.   Repro: Blazek

In der Verordnung zur „Förderung der Freiwilligen Feuerwehren" vom 7. Oktober 1941 wurden durch die Landräte auf Vorschlag der Gemeinden Notdienstverpflichtungen von zunächst nicht zur Wehrmacht eingezogenen und wehruntauglichen Männern vorgenommen.

Ein Erlass des Reichsministeriums des Innern vom 24. Januar 1942 besagte, dass die Einkleidung der Hitlerjugend aus Mitteln der Feuerschutzsteuer beglichen werden konnte.

Vom 6. März 1942 datiert ein Stärkenachweis, den Kreisfeuerwehrführer Willi Brandes, Hänigsen, für den Bezirksführer in Lüneburg auszufüllen hatte. Auffällig in Bezug auf den Kreis Burgdorf ist, dass auf die Bildung von Pflichtfeuerwehren entgegen dem allgemeinen Trend im Regierungsbezirk Lüneburg weitgehend verzichtet wurde.[75]

Reichsamt Freiwillige Feuerwehren ab 1940

Im März 1942 erfolgte aus formellen Gründen eine Umbenennung des Amtes Freiwillige Feuerwehren in Berlin in „Reichsamt Freiwilligen Feuerwehren". Damit verbunden war die Ernennung Walter Schnells zum Generalmajor der Polizei. Diese Behörde, zu deren Zuständigkeitsbereich die Hoheitssachen der freiwilligen, Pflicht- und Werkfeuerwehren zählten, übernahm später auch die Aufgaben des am 15. September 1943 aufgelösten „Amtes Feuerwehren".[76]

Am 3. Juni 1942 wurde durch einen Erlass des Reichsführers SS und Chefs der Deutschen Polizei bestimmt, dass sämtliche Feuerwehren auf 20 Prozent über Friedensstärke aufzustocken seien. Konkret heißt es:

1) Alle Wehren mussten auf 20 Prozent über Friedenssollstärke aufgestockt werden.

2) Bei der Erfassung von Kräften für die Feuerwehr sind alle Berufsstände zu berücksichtigen, so daß sie ein Spiegelbild der Volksgemeinschaft bieten.

3) Insbesondere sind alle verfügbaren Volksgenossen zu erfassen, die in der Nähe der Feuerwehrgerätehäuser wohnen.

4) Für den Einsatz am Tage sind besonders solche Personen zu erfassen, die ihre ständige Arbeitsstelle in dem näheren Umkreis der Gerätehäuser haben und zwar auch dann, wenn die Wohnung von dieser Arbeitsstelle weit entfernt liegt.

5) Es ist zu prüfen, ob die Einsatzmöglichkeit der Hitler-Jugend voll erschöpft ist.

6) Es ist ferner zu prüfen, ob eine Heranziehung der 8. Klasse der Volksschule mit ihren Lehrern notwendig ist.

7) Die Ausbildung der neu herangezogenen Kräfte ist beschleunigt in mindestens 10 Doppelstunden mit sofortigem Beginn durchzuführen.

---

[75] Nds. HptStA Hann. 180 Lün. Acc. 3/055 Nr. 672.
[76] Linhardt, a. a. O., S. 145.

8) Sämtliche Feuerwehren sind anzuweisen
a) soweit sie ausschließlich mit Handdruckspritzen ausgerüstet sind, alle 14 Tage
b) soweit sie mit Kraftspritzen ausgerüstet sind, mindestens einmal wöchentlich, regelmäßig eine 2stündige Ausbildung bzw. Übung durchzuführen.

In diesem Erlass sind noch fünf weitere Punkte aufgeführt, die den Rahmen der Ausführungen beinhalten. In der Folge waren sofortige Meldungen über den Bereitschaftsstand der Feuerwehren unerlässlich.

Im Rheinischen Feuerwehr-Adress-Kalender 1942/43, 18. Ausgabe (Juli 1942), verlautete einleitend:

Unerschütterlich steht Front und Heimat im dritten Kriegsjahr in ihrem eisernen Willen zum Sieg als eine verschworene Schicksalsgemeinschaft. Die kampferprobten Soldaten an der Front und die Schaffenden der Heimat wissen, daß in diesem totalen Krieg eine totale Entscheidung erzwungen werden muß. Gefördert durch die nationalsozialistische Erziehung unseres Volkes in der Idee des Führers bekunden beide durch die Tat Gemeinschaftstreue, soldatische Haltung, im Hochgefühl der Hingabe an die Gemeinschaft das Zurückstellen des Ich- zugunsten des Wirgedankens. Abhold jedem gemeinschaftsstörenden und unkriegsmäßigen Denken und Handeln huldigen sie damit einem Grundsatz, der Leitgedanke der Freiwilligen Feuerwehren war und stets sein wird: „Einer für alle und alle für einen."

Neue Farbgebung der Fahrzeuge ab 1942

Am 14. August 1942 folgte die Anordnung, dass alle Fahrzeuge der Feuerschutzpolizei und der Feuerwehren aus wirtschaftlichen Gründen in schwarzgraumatt (RAL 7021, luftwaffengrau) ausgeliefert werden sollten. Zwecks Einsparung von Rohstoffen und Arbeitszeit wurde am 7. März 1943 angeordnet, dass die Fahrzeuge ohne Polizei-Hoheitsabzeichen und ohne Aufschrift ausgeliefert werden. Wenig später wurden die Fahrzeuge in dunkelgelb matter Lackierung (RAL 7028) geliefert (Erlass vom 7. April 1943).

1943, als die Not noch größer geworden war, hieß es: „Die Heranziehung zur Feuerwehr ist eine notwendige Kriegsmaßnahme. Sie erfolgt aufgrund eines Runderlasses der Deutschen Polizei."

Im Frühjahr 1943 wurde durch einen nationalsozialistischen „Führer-Erlass" der Versuch einer Vereinheitlichung des Krankentransportwesens in Deutschland unternommen, das nach dem Willen der NS-Staatsführung ausschließlich dem gleichgeschalteten Deutschen Roten Kreuz zugewiesen werden sollte. Der Ausgang des Zweiten Weltkriegs beendete diesen Versuch.[77]

Ab dem 1. April 1943 wurde in Meerbeck (LK Schaumburg-Lippe) eine feste Fliegerwache eingerichtet, berichtete Bürgermeister Knake später.

---

[77] Erlass über Vereinheitlichung des zivilen Krankentransportwesen/DRK vom 01.04.1943.

In Rheine wurde im Frühjahr 1943 als letzte Reserve eine Mädchenfeuerwehr ins Leben gerufen, der meist um die 20 Jahre alte dienstverpflichtete Mädchen vom Bund Deutscher Mädel (BDM) angehörten, berichtet Gisela Gerling in ihrem Aufsatz „Bombennächte in Rheine – Einsatz der Mädchenfeuerwehr" (in: 125 Jahre Freiwillige Feuerwehr Rheine, Rheine 2007, S. 81 ff.).

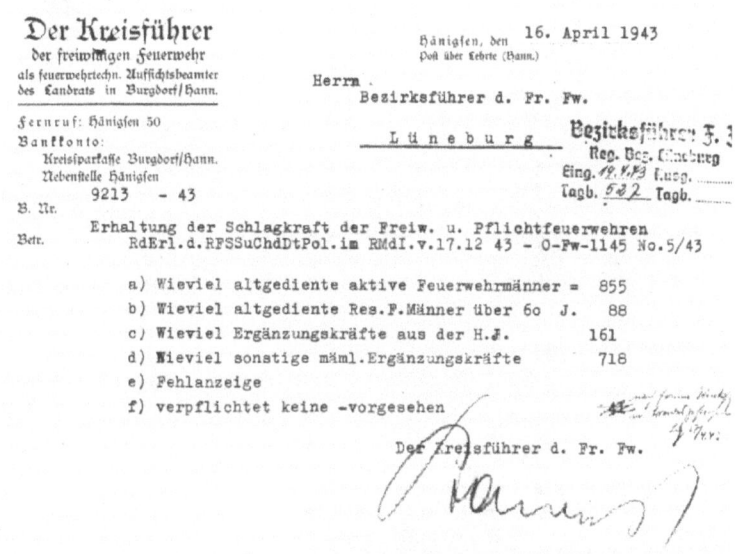

Meldung des Kreisführers der freiwilligen Feuerwehr in Hänigsen an seinen Vorgesetzten vom 16. April 1943. Nds. HptStA Hann. 180 Lün. Acc. 3/008 Nr. 87/10.   *Repro: Blazek*

Mit dem Erlass des Reichsführers SS und Chefs der Deutschen Polizei vom 16. April 1943 (O.-Fw.1102 Nr. 5/43) wurde direkter Einfluss hinsichtlich der „Feuerwehr-Bereitschaften" ausgeübt. Unter anderem waren von den Kreisen festzulegen beziehungsweise zu benennen:

der Bereitschaftsstab (Führer und Vertreter)

die Strukturierung (Anzahl der Zugführer, Gruppenführer, Feuerwehrmänner, Melder z.b.V., ...)

die voll motorisierten Fahrzeuge (mit Angaben zum Typ und den technischen/taktischen Daten)

Sammelplatz der Bereitschaft

Alarmierung (u. a. Art der Alarmierung und Meldekopf, ...)

Für die Feuerschutzpolizei und für den Luftschutz waren recht ähnliche Feuerwehrfahrzeuge im Einsatz, sie unterschieden sich aber in der Bezeichnung. Daher wurde ab dem 30. April 1943 eine einheitliche Begriffsbezeichnung eingeführt. So wurden beispielsweise aus dem „Leichten Löschgruppenfahrzeug" (LLG) der Feuerschutzpolizei und der „Kraftzugspritze 8" (KzS 8) des Luftschutzes das Löschgruppenfahrzeug 8 (LF 8).

Nach einem weiteren Erlass des Reichsinnenministers sollten die Angehörigen der freiwilligen Feuerwehren ab 1. Juni 1943 neue Dienstgradbezeichnungen führen:

bisher Truppmann: jetzt Unterwachtmeister,
bisher Obertruppmann: jetzt Rottwachtmeister,
bisher Haupttruppmann: jetzt Wachtmeister,
bisher Truppführer: jetzt Hauptwachtmeister
und so weiter.

Durch Nachtwachen, Bereitschaften und Luftschutzdienste hat der Krieg besonders harte Forderungen an die wenigen in den Dörfern verbliebenen Kameraden gestellt. Die Wehren schmolzen immer mehr zusammen, sodass zu den Einsätzen fast nur alte Männer und Jugendliche eingesetzt werden konnten.

Einsatz von Feuerwehrhelferinnen

Aufgrund der schwachen Besetzungen in den Wehren wurden 1943 Damenabteilungen gebildet. Sie mussten nun zum Teil die Aufgaben der Brandbekämpfung übernehmen. Die Bildung ging auf einen Erlass des Reichs- und Preußischen Ministeriums des Innern vom 21. April 1943 zurück. Hauptsächlich sollte die Heranziehung von Frauen nur in Orten unter 1000 Einwohnern geschehen. Die Dienstbezeichnung war „Feuerwehrhelferin".

Unter der Kontrolle von Partei- und Jugendfunktionären, von Block- und Luftschutzwarten lernten ganze Hausgemeinschaften, wie man den Boden entrümpelt, Kellerdecken verstärkt, mit Feuerpatsche und Handspritze Flammen löscht, Brandwunden verbindet. Zeitungen, Radiosendungen, Broschüren, Plakate und das offizielle Organ des Reichsluftschutzbundes, „Die Sirene", ein illustriertes

Blatt mit praktischen Tipps, schworen die Menschen auf ihre Aufgaben im Selbstschutz ein.

Vor der Rekrutierung konnte sich kaum einer drücken. War die Tätigkeit im Selbstschutz zunächst freiwillig, so konnten Unwillige später durch polizeiliche Verfügungen dienstverpflichtet werden.

Hans Rumpf, Generalinspekteur der Feuerschutzpolizei und Feuerwehren, resümierte in seinem Buch „Das war der Bombenkrieg – Deutsche Städte im Feuersturm, Ein Dokumentarbericht" (Oldenburg 1961): „Wenn die zu Lösch- und Bergungsarbeiten entschlossenen Männer und Frauen auch nur selten erfolgreich waren, so war diese Aktivität für alle Beteiligten doch immer noch besser, als Nacht für Nacht tatenlos im Keller zu hocken und auf den Tod zu warten."

Die Feuerwehrmänner galten nun als Ordnungspolizisten. Unter den Hinweisen für den Dienst las man: „Meckereien und Redereien sind verpönt!" In den damaligen Unterlagen der freiwilligen Feuerwehren finden wir hier und da noch die Verhandlung über die Unterstellung der Angehörigen der freiwilligen und Pflichtfeuerwehren, die ja zumeist noch nebeneinander bestanden, unter die „Sondergerichtsbarkeit von SS und Polizei". Die Feuerwehrmänner erklärten darin, dass „sie den militärischen Strafgesetzen unterliegen, und somit auch unerlaubte Entfernung, Beleidigung eines Vorgesetzten, Ungehorsam, Gehorsamsverweigerung, Widersetzung, Erregung von Mißvergnügen, Untergrabung der Mannszucht usw. strafrechtlich geahndet werden können". Damit war der tiefste Eingriff dieser Zeit vollzogen: Die freiwilligen Feuerwehren waren dem SS-Strafgesetz unterstellt.[78]

Von der Uniformfabrik „Industria" in Bromberg wurden dem Löschverbandsvorsitzenden Heinrich Reinecke in Sachsenhagen „im Auftrag des Reichsamt Fr. Fw. Berlin" am 24. Juli 1943 drei Pakete mit 15 kompletten HJ-Feuerwehruniformen zum Preis von insgesamt 867,75 Reichsmark zugesandt. Über Kreisfeuerwehrführer Georg Schwedt, Hess. Oldendorf, erhielt der Löschverband am 17. Juli 1944 insgesamt 40 Gasmasken (M 30 France): „Vorstehende Gasmasken stammen aus Beuteständen und sind leihweise den Wehren übergeben."[79]

Ständige Bereitschaften für überörtliche Einsätze

Auf Anweisung des Reichsamtes Freiwillige Feuerwehren in Berlin wurden 1943 in Deutschland so genannte ständige Bereitschaften für überörtliche Einsätze aufgestellt.

Im Sommer 1943 war die Galgenfrist auch in Norddeutschland endgültig abgelaufen. Im Rahmen der „Operation Gomorrha" (so der britische Deckname)

---

[78] Wegner, Bernd, Die Sondergerichtsbarkeit von SS und Polizei – Militärjustiz oder Grundlegung einer SS-gemäßen Rechtsordnung?, in: Büttner, Ursula (Hrsg.), Das Unrechtsregime: Internationale Forschung über den Nationalsozialismus, Band I, Hamburg 1986, S. 243 ff.

[79] Blazek, Matthias, Dem Ortspolizeiverwalter unterstellt – Feuerwehrgeschichte 1933-45, Schaumburger Wochenblatt vom 6. und 13. April 1994, unter Berufung auf: Nds. StA Bückeburg Dep. 28 Nr. 153, 155, 156.

wurde Hamburg zwischen dem 25. Juli und 3. August von insgesamt sieben Angriffswellen getroffen, die einen vorher nie gesehenen Feuersturm entfachten. Nach der Buchführung des Statistischen Landesamtes haben allein bei diesen Luftangriffen rund 34000 Menschen in Hamburg ihr Leben verloren. Aus Hannover waren sofort mehrere FE-Bereitschaften (Feuerlösch- und Entgiftungsdienst) nach Hamburg entsandt worden, doch wurde Hannover am 26. Juli selbst das Ziel eines schweren Angriffs alliierter Bomber. Eigentlich galt dieser Angriff den Continental-Gummiwerken, doch er führte in erster Linie zu Großbränden in der Innenstadt Hannovers.

Besonders leidgeprüft war Hannover dann am 22./23. September, 28./29. September, 8./9. Oktober und 18./19. Oktober 1943, nach den vier großen nächtlichen Luftangriffen der britischen Luftwaffe auf die Gauhauptstadt.

Zusammen mit den Fahrzeugen der Feuerwehren Großburgwedel und Burgdorf, die im Jahre 1942 beschafft worden waren, wurde beispielsweise in Isernhagen NB ein überörtlich tätiger Löschzug gebildet, der dann in den Bombennächten des Krieges noch viele schwere Einsätze zu bestehen hatte. Am 10. Oktober 1943 spritzten Feuerwehrmänner aus Isernhagen NB den vom Feuer auf dem Marktplatz in Hannover eingeschlossenen Menschen einen Ausweg aus dem Flammenmeer und retteten mit anderen Feuerwehrkameraden des Kreises Burgdorf das alte Rathaus in Hannover vor der völligen Zerstörung durch die Flammen. Auch die Freiwillige Feuerwehr Immensen musste überörtlich Hilfe leisten. Eingesetzt war sie vor allem im Stadtzentrum und in Isernhagen NB-Süd (Fasanenkrug).

Hans Rumpf Generalinspekteur der Feuerwehren

Als SS-Brigadeführer und Generalmajor der Polizei wurde Hans Rumpf im September 1943 zum Generalinspekteur der Feuerschutzpolizei und Feuerwehren im Hauptamt Ordnungspolizei ernannt.[80]

Infolge der Luftangriffe und Brände wurde die Bildung der „Löschgemeinschaft Burgdorf Land" notwendig. Ihre Richtigkeit erwies sich bei den Großbränden in Hannover nach den Luftangriffen am 9. Oktober 1943. Bei den dortigen Großbränden kamen die Freiwilligen Feuerwehren Burgdorf, Großburgwedel, Hänigsen, Isernhagen, Lehrte und Ahlten zum Einsatz. Infolge der ungeheuren körper-

---

[80] Hans Rumpf, Dipl.-Ing., Techn. Bundesbahnoberamtsrat, SS-Brigadeführer und Generalmajor der Polizei, Generalinspekteur der Feuerschutzpolizei und Feuerwehren, Luftschutzfachmann und Autor von Fachliteratur (u. a. 1931 „Brandbomben"), * 07.03.1888, 1927 Branddirektor in Königsberg, Kriegsauszeichnungen: 1914 EK I, 1914 EK II, Kriegsverdienstkreuz II mit Schwertern, Ehrenkreuz für Frontkämpfer; Landesorden, Ehrenmedaille der Vereinigung zur Förderung des Deutschen Brandschutzes e.V. (1987). Rumpf war von 1939 bis März 1943 Kommandeur des Feuerschutzpolizei-Regiments 1 „Sachsen". Dieses war am 10. November 1939 in Beeskow/Brandenburg aufgestellt worden und bestand aus vier Abteilungen mit je drei Kompanien, die sich allesamt aus Berufsfeuerwehrleuten zusammensetzten. Abteilung I war in Leipzig-Wiederitsch stationiert, Abteilung II in Heyrothsberge, Abteilung III in Beeskow. Erster Einsatz des Regiments im Ausland war Holland nach der Invasion vom 10. Mai 1940. Im Juni 1943 wurde das Regiment aufgelöst.

lichen Anstrengungen mussten sich die Wehren gegenseitig ablösen. Die Brandbekämpfung in Hannover war die schwierigste und gefährlichste, die der Krieg auch für die freiwilligen Feuerwehren mit sich brachte. Die Anstrengungen und das Grauen wird für sein ganzes Leben wohl keiner vergessen haben, der damals dabei war.[81]

Hannoveraner herhören!
Es ist eine Erfahrungstatsache, daß der Feind nach schweren Luftangriffen auf deutsche Städte und Dörfer durch üble Brunnenvergiftung die unerschütterliche Standhaftigkeit der Bevölkerung zu untergraben versucht. Englische und bolschewistische Sender sowie Agenten setzen Gerüchte und Verleumdungen in Umlauf, um uns kniewiech zu machen. Dem müssen wir mit aller Geschlossenheit und Entschiedenheit entgegentreten. Es gilt gerade jetzt, eine verschworene Gemeinschaft zu sein und über alle Nöte zu bleiben. Nur so überwinden wir die Schwierigkeiten des Krieges und schaffen die Voraussetzungen zum Sieg.
    Daher verpflichte und ermächtige ich alle Volksgenossen, Gerüchtemacher und Gerüchteverbreiter vorläufig festzunehmen und dem nächsten Polizeibeamten bzw. der nächsten Dienststelle der Partei oder des Staates zu übergeben.
Soweit dies nicht möglich ist, sind die Anschriften mit Sachverhalt zu melden.
Wer dies nicht tut, macht sich mitschuldig und wird entsprechend behandelt.
Lauterbacher,
Gauleiter und Reichsverteidigungskommissar.

Hannoversche Zeitung vom 15./16. Oktober 1943.

Als am 4. Dezember 1943 Leipzig den schwersten britischen Bombenangriff erlebte, war Generalinspekteur der Feuerschutzpolizei und Feuerwehren Hans Rumpf zufällig vor Ort. Nach seiner Einschätzung überstieg die Intensität des Feuersturms sogar die des Hamburger Feuersturms während der „Operation Gomorrha". Die Leipziger Feuerwehr hatte die Hälfte ihrer Kräfte nach Berlin entsenden müssen. Die aus dem Umland herbeigerufenen Feuerwehren konnten Brände häufig nicht bekämpfen, da ihre Schläuche nicht an die speziellen Anschlüsse der Leipziger Hydranten passten, die nur zu etwa 30 Prozent auf genormte Anschlüsse umgestellt worden waren. Die Wasserversorgung brach zudem rasch zusammen.

Hans Rumpf war ebenfalls vor Ort, als britische Bomber in Dresden am 13. Februar 1945 einen der grässlichsten Feuerstürme des Krieges entfachten und die Elb-Metropole in eine einzige Fackel verwandelten.

Ab Dezember 1943 wurde bei den freiwilligen Feuerwehren im Reich an Stelle des Waffenrocks die Feldbluse neuer Art eingeführt. Die Anfertigung neuer Waffenröcke wurde untersagt. Aufgrund der Kriegs- und Nachschublage ist es aber fraglich, ob die Feldbluse gemäß den neuen Uniformierungsvorschriften noch bei vielen Feuerwehren zur Einführung kam. Für die Einheiten der Feuerschutzpolizei, des Sicherheits- und Hilfsdienstes I. Ordnung – ab 1942 Luftschutzpolizei (LS-Pol) – sowie der HJ-Feuerwehren galten hinsichtlich der Dienstbekleidung, der Dienstgradbezeichnungen und Dienstgradabzeichen wiederum eigene Dienstvorschriften. Auch diese wurden mehrmals ergänzt und geändert.

---

[81] Bessenrodt, 100 Jahre Freiwillige Feuerwehr Burgdorf 1871-1971, S. 73.

Hannover brennt! Bei fünf großen Bombenangriffen im Sommer und Herbst 1943 hat Hannover sein Gesicht verloren. Nahezu die gesamte Innenstadt wurde zerstört, mehr als 1200 Menschen starben allein in der Nacht zum 9. Oktober 1943. Foto: Ortsfeuerwehr Peine-Kernstadt.
Repro: Blazek

Um 11.48 Uhr des 26. Juli 1943 wurde der 364. Fliegeralarm des Zweiten Weltkriegs in Hannover ausgelöst. 210 Tonnen Bomben wurden auf die „Continental"-Werke abgeladen. Hannoversche Zeitung vom 27. Juli 1943.   Foto: Rainer Biskop

Im Juli 1944 verlor das Reichsamt Freiwillige Feuerwehren in Berlin mehr und mehr seine ursprünglichen Aufgaben und erhielt als Ersatz die zentrale Versorgung aller Feuerwehrsparten (auch der Feuerschutzpolizei) mit Feuerlöschgeräten, Ausrüstung, Instandsetzungsmaterialien und Bekleidung.

Zur Umsetzung der Zentralaufgaben des Reichsamtes wurden die Abschnittsinspekteure, Bezirks- und Kreisführer herangezogen. Die Abschnittsinspekteure waren den höheren SS- und Polizeiführern, die dem Oberpräsidenten der Provinzen unterstanden, zugeteilt. Die Bezirksführer waren bei den höheren Verwaltungsbehörden, wie Regierungspräsidien, angesiedelt. Die Kreisführer befanden sich bei den unteren Verwaltungsbehörden, in der Regel bei den Landratsämtern.

Bei dem in Burgdorf bei Hannover stationierten Feuerschutzpolizei-Regiment war auch eine Kompanie, die aus Ukrainern, so genannten Hilfswilligen (im Volksmund Hiwis), gebildet war. Sie lehnten sich im Sommer 1944 gegen das Nazi-Regime auf und wollten angeblich mit ihren Freundinnen – ukrainischen Zwangsarbeiterinnen – auch Burgdorfer Brücken sprengen. Diese Pläne blieben nicht geheim. Die Gestapo griff ein und trieb die beteiligten Frauen und Männer in der Behelfsturnhalle am Eltwerk an der Schmiedestraße zusammen.[82]

Die Feuerschutzpolizei wurde zum Ende des Krieges mehr und mehr in die Kampfhandlungen einbezogen. Als Infanteristen hatten sie zunehmend ihre Städte und Feuerwachen zu verteidigen. Am 28. August 1944 wurden alle Polizeioffiziere als Kombattanten erklärt, womit auch die Feuerschutzpolizei inbegriffen wurde.

Bildung des Volkssturms

Angesichts der prekären Lage ordnete Adolf Hitler per Führererlass vom 25. September 1944 die Bildung des „Volkssturms" an: „Es ist in den Gauen des Großdeutschen Reiches aus allen waffenfähigen Männern im Alter von 16 bis 60 Jahren der Deutsche Volkssturm zu bilden. Er wird den Heimatboden mit allen Waffen und Mitteln verteidigen, soweit sie dafür geeignet erscheinen."[83]

Der Luftangriff auf die Panzerwerkstatt in Königsborn b. Magdeburg am 16. Februar 1945 führte auch zu starken Schäden an der Feuerwehrschule in Heyrothsberge. Neben zahlreichen Verletzten kamen dabei zehn Personen, darunter Schulleiter Hermann Scholz und seine Frau, ums Leben.

Der 8. April 1945 gehört zu den dunkelsten Kapiteln Celles. 3500 KZ-Häftlinge saßen in Zugwaggons auf dem Güterbahnhof in Celle fest, während der Bahnhof von Alliierten bombardiert wurde. Hunderte von Häftlingen flohen aus den Wagen und wurden dann während einer zweitägigen Hetzjagd von Celler Zivilisten, SS-Männern und Mitgliedern des Volkssturms verfolgt und erschossen. Am Ende mussten sich 13 Direkttäter ab Dezember 1947 bei dem so genannten „Celle

---

[82] Neumann, Heinz, Heimatrundschau (1944), unveröffentlichtes Manuskript (chronologische Zusammenfassung aller Pressemitteilungen über Burgdorf aus dem Burgdorfer Kreisblatt).
[83] Mammach, Klaus, Der Volkssturm – Das letzte Aufgebot 1944/45, Köln 1981, S. 33, 169.

Massacre Trial" vor dem Summary Court der Kontroll-Kommission in Celle verantworten. Die Verantwortlichen, die am 8. und 9. April jenes Jahres in führender Position die Hetzjagd organisiert hatten, wurden deswegen nie angeklagt. Zu den Geständigen gehörte der Feuerwehrmann Alwin Schuchardt, der zum Löschen vom Fliegerhorst Wietzenbruch zum Güterbahnhof gerufen worden war. Dabei seien sie auf einen Häftling getroffen, den Schuchardts Vorgesetzter erschießen wollte. Als dessen Pistole versagte, übernahm Schuchardt die Ermordung: „Ich habe dann aus einer Entfernung von ungefähr einundeinhalb Metern auf die rechte Schläfe des Häftlings geschossen." Während die Mitangeklagten Otto Amelung und Helmut Ahlborn am 14. Mai 1948 zum Tode verurteilt wurden, kam Schuchardt mit einer Haftstrafe von zehn Jahren davon. Die Todesurteile wurden in Haftstrafen von zehn und 15 Jahren umgewandelt, Alwin Schuchardt saß insgesamt acht Jahre ab.[84]

Die Lage in der Reichshauptstadt Berlin

Ab dem 16. April 1945 tobte die Schlacht um Berlin. In der Nacht vom 21. auf den 22. April verließen erhebliche Bestandteile der Berliner Feuerwehr die Reichshauptstadt in westlicher Richtung. Einige Quellen reden von „allen" Fahrzeugen, Cornelius Ryan nennt eine sehr hoch erscheinende Zahl von 1400. In einigen Bereichen stießen die Fahrzeuge bereits auf geschlossene Panzersperren und mussten aufwändige Umwege fahren. Für Feuerwehren des nordwestlichen Stadtbereichs liegen Informationen vor, dass die Fahrzeuge in den Raum Lübeck-Eutin gelangten (und im Übrigen dort verblieben).

Auf wessen Veranlassung dieser Auszug erfolgte, scheint nicht klar zu sein. Eine Seite spricht von einem Befehl Goebbels, um das Gerät nicht den Russen in die Hände fallen zu lassen und Hitlers „Nerobefehl" (Taktik der verbrannten Erde) realisierbarer zu machen. Die andere Seite spricht von einer eigenständigen Aktion des Chefs der Berliner Feuerwehr, Generalmajor der Feuerschutzpolizei Dipl.-Ing. Walter Goldbach, der seine Einheiten schützen wollte.[85]

Die Einheiten der Feuerschutzpolizei wurden an jenen Tagen zu den Gruppen Nord und Süd abgestellt, um Kellinghusen und Itzehoe zu evakuieren, und Einheiten der Gruppe Ost machten sich auf, um Pinneberg zu evakuieren. Alle fielen mit ihrem Material den vorrückenden britischen Streitkräften in die Hände.

Jener Kommandeur der Feuerschutzpolizei, Goldbach, erlitt wenige Tage später – nur wenige Tage vor Kriegsende – ein besonders tragisches Schicksal. Zwei Fünftel der Berliner Feuerwehrmänner hatten Berlin angesichts der nahenden Front verlassen, drei Fünftel waren geblieben und mussten sich als kämpfende Truppe den Russen entgegenstellen. Walter Goldbach hatte die abgerückten Kräfte, die am Ende das Ziel hatten, die Engländer oder Amerikaner zu errei-

---

[84] Strebel, Bernhard, Celle April 1945 revisted, aus der Reihe „Celler Beiträge zur Landes- und Kulturgeschichte", Gütersloh 2008.
[85] Vgl. Ryan, Cornelius, Der letzte Kampf (The last Battle), historischer Roman, New Jersey/U.S.A. 1965, Tieke, Wilhelm, Das Ende zwischen Oder und Elbe – Der Kampf um Berlin 1945, Stuttgart 1981.

chen, und sich auf diese Weise retten wollten, gewähren lassen. Goldbach wurde am 25. April 1945, jenem Tag, als der Ring der Roten Armee um Berlin vollkommen geschlossen wurde, verhaftet. Bereits in seinem Büro traf ihn eine Kugel. Es gibt eine Version, die besagt, man habe ihm eine Pistole vorgelegt, damit er sich selbst erschießen könne. Der Schwerverletzte wurde heruntergeschleift zum Ausgang des Dienstgebäudes und von dort von einem Festnahmekommando abtransportiert. In der Polizeidienststelle am Kaiserdamm wurde Walter Goldbach vor ein Standgericht gestellt und anschließend auf dem Hof exekutiert.

Die Überlieferung, dass der Schwerverletzte in das Polizeikrankenhaus Berlin NW 40 an der Scharnhorststraße 13 gebracht worden sei, ist nicht belegt. Auch wird nicht bestätigt, dass er mit Blick auf eine Nachkriegsfeuerwehr Feuerwehrmaterial beiseite geschafft habe. Fakt ist: Walter Goldbach ist von seiner eigenen Behörde umgebracht worden.[86]

Ebenfalls am 26. April 1945 fand das letzte Bombardement auf München statt.[87]

Berlins Hauptfeuerwache wurde von der Sowjetarmee am 30. April 1945 eingenommen, die Stadt selbst am 2. Mai. Im Juli 1945 gab es im gesamten Berliner Stadtbereich nur noch neun halbwegs funktionsfähige Löschfahrzeuge.

Nach dem Einmarsch der alliierten Truppen war die Stunde null angebrochen – auch für die freiwilligen Feuerwehren. Feuerwehrgerätehäuser, Fahrzeuge und Geräte waren fast überall beschädigt, vernichtet oder entfernt worden. Der Feuerschutz war nur mangelhaft gesichert. Am 8. Mai 1945 schwiegen an allen Fronten die Waffen. Die Feuerwehren haben ihrer gefallenen oder vermissten Kameraden in allen Jahren gedacht.

Der Chronist der Freiwilligen Feuerwehr Alzey, Dr. Eduard Berlet, schreibt in der im Jahre 1973 herausgegebenen Schrift „175 Jahre Feuerwehr Alzey":

„Diese Zeit von 1933 bis 1945 ist keine besondere Epoche der Feuerwehr geworden, sie ist nur eine Episode geblieben. Die heutige Wehr sieht ihre geschichtliche Kontinuität durch diese Jahre nicht als unterbrochen an. Die überkommenen Grundsätze der Wehr blieben trotz der äußeren Eingriffe in das Gefüge und in ihren Aufbauerhalten. ... Die Jahre dieser Form zählen ebenso zu den Jahren der heutigen Freiwilligen Feuerwehr wie all die Jahrzehnte, in denen unterschiedliche Bezeichnungen den gleichen Aufgabenkreis umschrieben."

Diese Feststellungen gelten nicht nur für die Freiwillige Feuerwehr Alzey, sie gelten für die deutschen Feuerwehren insgesamt. Aus dieser Haltung heraus nahmen sie nach Kriegsende, noch ehe es wieder eine staatliche Obrigkeit gab,

---

[86] Vgl. Berliner Feuerwehr (Hrsg.), 125 Jahre Berliner Feuerwehr, Jubiläumsschrift, Berlin 1976.
[87] Zum Thema Bombardements auf Deutschlands Metropolen siehe auch Brunswig, Hans, Feuersturm über Hamburg! – Die Luftangriffe auf Hamburg im 2. Weltkrieg und ihre Folgen (Dokumentation des Autors, der damals Abteilungsleiter im Stab des Kommandeurs der Feuerschutzpolizei Hamburg war, nach Original-Lageberichten und Luftschutzakten), Stuttgart 1978 (10. Auflage: 1994).

ihren Dienst zum Wohle der Allgemeinheit freiwillig wieder auf. Allerdings waren ihre Reihen stark dezimiert; der Krieg hatte schwere Wunden geschlagen und große Lücken hinterlassen. Die Bereitschaft zum freiwilligen Dienst in Uniform, zum Einreihen in eine Organisation war bei der Bevölkerung auf Null gesunken. Es begann eine schwierige Zeit der Werbung und des Wiederaufbaues der Feuerwehren.

Wiederaufnahme des Feuerwehrbetriebs gefordert

Gleich nach Kriegsende wurden die Bürgermeister allerorts aufgefordert, für die Wiederaufnahme des Feuerwehrbetriebs zu sorgen. Die gesamte bisherige Entwicklung des Feuerlöschwesens wurde unterbrochen und auf Anordnung der britischen Militärregierung nicht mehr fortgesetzt. Für den Bereich der britischen Besatzungszone wurde die völlige Herausnahme der gesamten Feuerlöschkräfte aus dem Polizeisektor gefordert. Der frühere Befehlshaber der Ordnungspolizei und damit auch die Inspektion F als sachbearbeitende Stelle sowie auch der frühere Abschnittsinspektor der Feuerwehr wurden damit aufgelöst.[88]

Alle nationalsozialistischen und militärischen Dienstvorschriften wurden außer Kraft gesetzt, und nur die wichtige, grundlegende Ausbildungsvorschrift „Die Gruppe" ließ man weiter gelten. Auch wurde darauf hingewiesen, dass Abzeichen und Symbole mit dem Hakenkreuz an den Uniformen und Fahrzeugen zu entfernen seien.

Der Aufbau des Feuerschutzes, insbesondere das Löschwesen, beruhte in Niedersachsen seit 1945 auf der Military Government Instruction. Die ersten Dienstpläne nach der Neuorganisation erschienen oft in deutscher und englischer Sprache.

Mit dem planmäßigen Aufbau der Feuerwehren in Thüringen wurde im Juni 1945 begonnen. Hierzu errichtete Thüringen als erstes Land in der Sowjetischen Besatzungszone (SBZ = neue Bundesländer) das Landesbrandschutzamt in Erfurt. Der Aufbau der Feuerwehren orientierte sich an den Gegebenheiten vor 1933. In der SBZ wurde das Vereinsleben gleich nach 1945 abgeschafft beziehungsweise in andere Formen gelenkt.

---

[88] Rundschreiben 1/1945, Provinzregierung Westfalen -Provinzial-Feuerwehrverwaltung- vom 7. August 1945.

Flaggen auf den Kotflügeln der Kommandofahrzeuge

Für die Dienststelleninhaber der Feuerwehren wurden mit Runderlass des Reichsführers SS und Chefs der Deutschen Polizei vom 28. Oktober 1941 eigene Kommandoflaggen eingeführt, deren Aussehen sich an das der Polizeiflaggen anlehnte. Allerdings waren hier die Farben nicht weiß/grün, sondern weiß und rot. Sie wurden auf den linken Kotflügel gesetzt.

Auf dem rechten Kotflügel konnte zusätzlich die Reichs- und Nationalflagge in der durch Paragraph 2 des Erlasses über die Flaggenführung an Dienstwagen der staatlichen Verwaltung vom 21. Januar 1937 vorgesehenen Größe von 20 mal 30 Zentimeter im Quadrat geführt werden. Das Zeigen der Kommandoflagge war nur erlaubt, wenn sich der Berechtigte im Dienstfahrzeug befand. Ansonsten war diese abzudecken oder zu entfernen. Berechtigt zum Führen von Kommandoflaggen waren:

Der Chef des Amtes für Freiwillige Feuerwehren: einen rechteckigen Stander mit schmaler schwarzer Umrandung und weiß-rot geviertem Innenfeld. Die roten Innenflächen sind vom schwarzen Rand durch schmale weiße Streifen getrennt. Im weißen Obereckquartier ist das Abzeichen der Polizei in Silber eingestickt. Der Stander hat den Maßstab 1:2.

Die Abschnittsinspekteure der Freiwilligen Feuerwehr in Preußen, Bayern, Sachsen und im Sudetengau: ebenfalls einen rechteckigen Stander mit schwarzer Umrandung, aber mit einem schmalen schwarzen Streifen schräglinks geteilt. Im roten Obereck, durch schmale weiße Streifen von den schwarzen Teilen getrennt, ist ebenfalls das Polizeiabzeichen in Silber eingestickt. Maßstab 1:2.

Die Bezirksführer der Länder und Gaue, die für ihre Person zu Abschnittsinspekteuren der Freiwilligen Feuerwehren ernannt waren: einen quadratischen Stander mit schwarzer Umrandung und rotem Innenfeld, welches durch einen schmalen weißen Rand von der schwarzen Umrandung separiert ist. In der Mitte des roten Innenfeldes steht auch hier das silberne Polizeiabzeichen. Maßstab 1:1.

Die (nachgeordneten) Bezirksführer beziehungsweise Bezirksführer in Preußen, Bayern, Sachsen und im Sudetengau, sowie die beamteten Direktoren einer Landes- oder Provinzialfeuerwehrschule: einen dreieckigen Stander mit schwarzer Umrandung. Das Innenfeld ist weiß oder rot geteilt, wobei auch hier der untere, rote Teil durch einen schmalen weißen Streifen von der schwarzen Umrandung getrennt ist. In der Mitte auf der weißen wie roten Fläche steht der silberne Polizeiadler. Maßstab 1:3.

Letztlich der Kreisführer: ebenfalls einen dreieckigen Stander mit schwarzem Rand und rotem Innenfeld. Dieses ist mit einem schmalen, weißen Innenrand versehen und ebenfalls mittels einem schmalem weißen Streifen von der schwarzen Umrandung getrennt. In der Mitte steht auch hier das silberne Polizeiabzeichen. Maßstab 1:3.

Der Runderlass enthält keine Maßangaben, nur die Maßstabverhältnisse 1:2 beziehungsweise 1:3. Nimmt man nun die Maße der Veröffentlichung im Reichsministerialblatt innere Verwaltung 1941, Nr. 45, Spalte 1936, als Grundlage und verdoppelt diese, so erhält man als Ergebnis die Größe von rund 20 mal 30 beziehungsweise 16 mal 45 Zentimeter im Quadrat.

Quelle:
Dreyhaupt, Rüdiger F., Deutsche Nationalflaggen, Teil IX: Das III. Reich 1939-1945 (I), in: Der Flaggenkurier Nr. 21-22/2006, S. 40 f.

„Feuerwehrscharen der Hitler-Jugend" wurden als Ergänzungskräfte herangezogen / Schlagkraft war unter allen Umständen zu erhalten

Die HJ-Feuerwehr

Die Jugend war durch die Parteiorganisation der Hitlerjugend mit ihren Untergliederungen organisiert. Die Hitlerjugend oder Hitler-Jugend (abgekürzt HJ) war eine nationalsozialistische Jugend- und Nachwuchsorganisation (1926 bis 1945). Sie gehörte zu Adolf Hitlers Konzept, alle Lebensbereiche zu kontrollieren und zu beherrschen; ihr Ziel war also, die Erziehung der Jugend im Sinne des Nationalsozialismus.

An sie war mit einer eigenen Jugendorganisation überhaupt nicht mehr heranzukommen. Provinzialfeuerwehrführer Walter Schnell in Celle unternahm daher im Jahre 1937 den Versuch, die Bannführung der Hitlerjugend in Celle für die Feuerwehr zu interessieren. Er erbot sich, Jugendliche an den neuzeitlichen Geräten der Freiwilligen Feuerwehr Celle auszubilden. Die Jungen – alles Söhne von Feuerwehrkameraden – wollten gerne, aber die Führung der Hitlerjugend lehnte es ab.

Feuerwehren ohne Nachwuchs

Die Reichsjugendführung der NSDAP hatte zwar schon am 19. Juni 1936 einen Reichsbefehl zum Thema „HJ im Feuerwehrdienst" erlassen, der folgenden Wortlaut hatte:

Da den Freiwilligen Feuerwehren auf dem Lande der nötige Nachwuchs fehlt, wird die Beteiligung von HJ-Einheiten in den Dörfern am Dienst der örtlichen Freiwilligen Feuerwehr als zusätzlicher HJ-Dienst genehmigt.

Die Aufstellung besonderer Einheiten, die für den Feuerwehrdienst einschließlich der damit verbundenen Übungen ganz oder teilweise abgestellt werden sollen, ist jedoch verboten.

Diese Bestimmungen galten also nur für das platte Land und stellten darüber hinaus einen zusätzlichen Dienst, also eine doppelte Belastung dar. Damit konnte das Nachwuchsproblem der freiwilligen Feuerwehr nicht gelöst werden.

Noch 1937 musste Walter Schnell in seinem Tätigkeitsbericht vor dem Provinzialfeuerwehrverband Hannover, der in der Hannoverschen Feuerwehr-Zeitung vom 1. Mai 1937 veröffentlicht ist, klagen:

(...) der Nachwuchs der jungen Jahresklassen (droht) zurückzugehen. Dieser Übelstand ist auf die große Zahl der vorhandenen uniformierten Organisationen und Verbände zurückzuführen. Trotzdem müßte es dennoch möglich sein, den erforderlichen Nachwuchs rechtzeitig zu erfassen, wenn die Betätigung in einer Freiwilligen Feuerwehr als ‚im nationalsozialistischen Sinne ausreichend. angesehen würde und unsere Feuerwehrmänner nicht mehr im Interesse einer parteipolitischen Anerkennung teilweise noch zusätzlich sich bewogen fühlten, einer

anderen Formation anzugehören; denn die auch dort erfolgende dienstliche Inanspruchnahme muß zwangsläufig zu einer Dienstmüdigkeit führen.

Und auch auf dem Provinzialfeuerwehrtag 1938 musste der Kreisfeuerwehrführer Ernst Buchholz aus Garßen laut „Hannoversche Feuerwehr-Zeitung" vom 15. Mai 1938 feststellen:

Leider muß auch in diesem Berichtsjahr festgestellt werden, daß die Betätigung in einer Freiwilligen Feuerwehr nicht immer als im nationalsozialistischen Sinne ausreichend angesehen wird. Es ist jedoch zu erwarten, daß in der kommenden Reichsregelung gerade diese Frage eine für alle Beteiligten notwendige und der Entwicklung des freiwilligen Feuerlöschwesens dienliche Regelung erfährt.

Durch einen Zufall – eine falsche Telefonverbindung – bekam Walter Schnell Verbindung mit einem Bannführer der Reichsjugendführung, der eine Kleinkraftspritze für eine Ausbildungsstätte der Partei suchte, an der er Angehörige der Hitlerjugend ausbilden wollte. Das führte dazu, die Frage der feuerwehrtechnischen Ausbildung Jugendlicher überhaupt einmal anzusprechen. Den Bannführer Arnold interessierte diese Angelegenheit auch in seiner Eigenschaft als Luftschutzreferent. Und als Walter Schnell ihn auf die Möglichkeiten hinwies, dass im Feuerschutz ausgebildete Jugendliche dann auch z.B. den Feuerschutz bei eigenen Veranstaltungen und in den Zeltlagern oder Baracken der Reichsparteitage übernehmen könnten, hatte er Arnold für seine Idee gewonnen.

Die ersten HJ-Feuerwehren

Es wurde zunächst ein Versuch bei den Freiwilligen Feuerwehren Osnabrück und Celle gestartet. In beiden Städten sollten je 30 Jugendliche zur Ausbildung zur Verfügung gestellt werden. Osnabrück war gewählt worden, weil dort bereits der damalige Brandingenieur Fritz Mitsdörffer von der Berufsfeuerwehr Osnabrück schon einmal mit gutem Erfolg Jugendliche im Feuerschutz ausgebildet hatte, bis ein Wechsel in der Führung der Hitlerjugend diese Betätigung wieder verbot. Und Celle kam natürlich als Heimat von Walter Schnell in Frage.

Die Zustimmung zu diesem Versuch kam bereits Anfang Mai 1938. Dabei stellte die Reichsjugendführung jedoch die Bedingung, dass nach der Ausbildung der Jungen, die Eigenführung der „Scharen" gewährleistet sein müsse. Außerdem sollte die Ausbildung nunmehr mit derartiger Beschleunigung betrieben werden, dass die beiden Scharen bereits Anfang Juli an einem Jugendlager in Sperenberg teilnehmen könnten. Diese Teilnahme am Jugendlager wurde zu einer guten Werbung für den Gedanken der Feuerwehr-Scharen. Jedenfalls war damit die Möglichkeit geschaffen, die Jugend für die Feuerwehr zu gewinnen, wenn auch im Rahmen der Partei-Jugend.

Mit Runderlass vom 18. Mai 1938 waren verschärfte Anordnungen für die Bekämpfung von Waldbrandgefahren erlassen worden. Der Wald, als eine der wichtigsten Rohstoffquellen, war von überragender Bedeutung für die erfolgreiche Durchführung des Vierjahresplanes. Im Zusammenhang mit diesen verschärften Waldbrandbestimmungen erließ die Reichsjugendführung eine ausführliche Feuerschutzdienstanweisung für die Hitlerjugend. Über sie berichtet Dipl.-Ing. Kohrs eingehend in der Zeitschrift „Die Feuerlösch-Polizei" vom 15. Juli 1938. Die Überwachung dieser Dienstanweisung wurde dem HJ-Streifendienst (SRD) in Zusammenarbeit mit der örtlich zuständigen Feuerwehr übertragen. Der HJ-Streifendienst war eine Sonderformation der Hitlerjugend. Als Einsatz-Formation oblag ihr die Durchführung des Ordnungs- und Überwachungsdienstes. Hierzu gehörte auch die Überwachung der Feuerschutzbestimmungen. Ohne Zweifel wurde durch diese Feuerschutzdienstanweisung der Gedanke der Feuerwehr und ihrer wichtigen Aufgaben in die Jugend hineingetragen.

Vereinbarung über die Ausbildung der HJ im Feuerlöschdienst

Das Reichsfeuerlöschgesetz vom 23. November 1938 erwähnt die Jugendfeuerwehren nicht. Am 21. April 1939 wurde jedoch eine „Vereinbarung mit dem Jugendführer des Deutschen Reiches über die Ausbildung der HJ im Feuerlöschdienst" getroffen. Bemerkenswert ist die Präambel zu dieser Vereinbarung. In ihr heißt es u. a.

Die wachsende Bedeutung des Feuerlöschwesens, vor allem für den Luftschutz, macht erforderlich, daß die zur Verfügung stehenden Kräfte der Feuerschutzpolizei und der Feuerwehren verstärkt werden. Zur Erreichung dieses Zieles ist ... folgende Vereinbarung getroffen worden.

Diese Worte gleichen dem Vorspruch zum Feuerlöschgesetz und lassen erkennen, dass Gesetz und Vereinbarung allein der Vorbereitung für einen Kriegsfall dienten. Jedenfalls waren jugenderzieherische oder jugendpflegerische Ziele nicht darin zu erkennen, wie folgende Auszüge aus der Vereinbarung erkennen lassen:

Der Jugendführer des Deutschen Reiches stellt dem Reichsführer SS und Chef der Deutschen Polizei in allen Luftschutzorten I. und II. Ordnung nach Maßgabe des örtlichen Bedarfs Hilfskräfte aus den Einheiten der HJ zur Verfügung, die im Feuerlöschdienst ausgebildet werden. Das Mindestalter der ... Jungen wird auf 15 Jahre festgelegt ... Die zum Feuerlöschdienst Kommandierten bilden keine Sondereinheiten, wie z.B. die Nachrichten-HJ. Die Jungen werden jedoch für die feuerwehrtechnische Ausbildung in besonderen Einheiten (Kameradschaft, Schar, Gefolgschaft) unter HJ-Führern, die selbst feuerwehrtechnisch ausgebildet sind oder noch besonders ausgebildet werden, zusammengefaßt. Diese Führer sind für den HJ-Dienst in den Einheiten verantwortlich. Bei jedem feuerwehrtechnischen Übungsdienst oder bei jedem Einsatz gelten die Jungen als durch polizeiliche Verfügung herangezogen und treten damit unter den Befehl des ausbildenden oder leitenden Führers der Feuerschutzpolizei bzw. Feuerwehr ...

Die feuerwehrtechnische Unterteilung der Einheiten erfolgte in Gruppen und Zügen (zwei Gruppen = ein Zug). „Die größte Einheit (Gefolgschaft) ... soll in einem Luftschutzort I. oder II. Ordnung vorläufig 80 Jungen, im Ausnahmefall 100 Jungen nicht übersteigen. Normalerweise soll der Feuerwehrdienst 35 Doppelstunden im Jahr nicht übersteigen, wobei dieser Dienst auf den Dienst in der Hitlerjugend anzurechnen ist." In einem weiteren Erlass vom 28. Juni 1939 wurde die Uniformierung der zum Feuerwehrdienst kommandierten Jungen wie folgt festgelegt:

Die für den Feuerwehrdienst kommandierten Jungen tragen während des Feuerwehrdienstes den Winteranzug und die blaue HJ-Dienstmütze. Alle Ausrüstungsgegenstände, die dem persönlichen Schutz beim Einsatz dienen, wie Stahlhelm, Hakengurt, Fangleine, sind von der Gemeinde, in der die Einheit aufgestellt wird, zur Verfügung zu stellen.

Eingliederung in den HJ-Streifendienst

Schon im Dezember des gleichen Jahres, nämlich nach Ausbruch des Zweiten Weltkrieges, hatte man erkannt, dass die Organisationsform der HJ-Feuerwehr-Scharen auf Schwierigkeiten stieß. Zwar hatte sich die Aufstellung der Feuerlöschdienstreserven aus der Hitlerjugend bewährt. Infolge der Mobilmachung waren aber zahlreiche Luftschutzorte lll. Ordnung von den Einberufungen stärker betroffen, als die der I. und II. Ordnung. Ohne besondere Weisung waren die dadurch bei den Feuerwehren entstandenen Lücken durch die Hitlerjugend ausgefüllt worden. Schwierigkeiten ergaben sich aber vor allem daraus, dass die HJ-Feuerwehr-Scharen keine Sonderheit nach dem Muster der Marine-HJ, der Flieger-HJ usw. bildeten. Das führte zu Überschneidungen beim Ausbildungs- und HJ-Dienst und vor allem zu doppelter Belastung. Mit Runderlass vom 7. Januar 1939 wurden daher neue Vereinbarungen mit der Reichsjugendführung bekannt gegeben, wonach die Ausbildung der Hitlerjugend im Feuerlöschdienst dem Streifendienst der Hitlerjugend übertragen wurde. In der Anlage zu diesem Runderlass heißt es u. a.:

Hilfskräfte zur Ausbildung im Feuerlöschwesen werden von jetzt ab nur noch aus den Einheiten des Streifendienstes zur Verfügung gestellt. (...) Die bisher im Feuerlöschwesen ausgebildeten HJ-Angehörigen sind für den Einsatz zu erhalten und entsprechend in die Gefolgschaften des Streifendienstes zu überweisen. Grundsätzlich gelten die Auslesebestimmungen für den Streifendienst auch für diese überwiesenen HJ-Angehörigen. Sie sind nach den geltenden Bestimmungen nachzumustern. Voll im Feuerlöschwesen ausgebildete HJ-Angehörige, die bei diesen Musterungen als ungeeignet für den Streifendienst befunden werden, sind aber erst nach dem Kriege auszuscheiden. (...) Die augenblickliche Bedeutung des Feuerlöschwesens, besonders den Luftschutz, erfordert eine besondere Beachtung dieses Einsatzes des Streifendienstes. Es ist den Anforderungen der Feuerwehrdienststellen an allen Orten zu entsprechen. Die Beschränkung auf Luftschutzorte I. und II. Ordnung entfällt.

Im Jahre 1940 wurden gem. Rundschreiben Nr. 18/1940 der Reichsjugendführung vom 12. Februar 1940 Mittel für einen Sonderlehrgang an der Hannoverschen Provinzialfeuerwehrschule in Celle zur Verfügung gestellt, an dem 70 Führer der Hitlerjugend teilnahmen. Der Lehrgang fand vom 10. bis 15. März 1940 statt und diente dem Zweck, den Führern der Hitlerjugend die Aufgabe klar zu machen, die sie auf dem Gebiete der Organisation und Ausbildung der Hitlerjugend im Feuerlöschdienst wahrzunehmen hatten.

Hitler-Jugend-Führerlehrgang an der Feuerwehrschule in Celle, aus der 48-seitigen DIN-A-5-Broschüre „Hitler-Jugend im Feuerschutz".   *Repro: Blazek*

„Bei uns wird gefilmt." So lautete die Überschrift in der „Celleschen Zeitung", einer Juli-Ausgabe des Jahres 1940. Gemeint waren diesmal die Arbeiten zu dem Feuerwehrfilm „Erstes Rohr – vor!", welcher durch den Regisseur Dr. Herbert Brieger (Berlin) mit den Männern der freiwilligen Feuerwehr und den Jungen der damaligen HJ-Feuerwehr gedreht wurde. Der Film, der noch existiert, gibt einen umfangreichen Einblick in die Ausbildungsarbeit und zeigt, in welch' aufopferungsvoller Weise die Männer und Jungen mit Mut und Entschlossenheit dem roten Hahn entgegen traten.[89]

Aufbau und Ausübung

In einem Reichsbefehl der Reichsjugendführung vom 12. August 1940 sind Aufbau und Ausbildung der Feuerwehrscharen im HJ-Streifendienst zusammengefasst dargestellt. Danach erhielten die innerhalb des HJ-Streifendienstes zu bildenden Scharen die Bezeichnung „Feuerwehrscharen im HJ-Streifendienst".

---

[89] Hische; Schmidt, a. a. O., S. 80. Brieger hatte sich in den Jahren zuvor als Regisseur, Produktionsleiter und Produzent mit verschiedenen Filmproduktionen einen Namen gemacht: „Im Schlesierland marschieren wir" (1933), „Jugend der Welt – Der Film von den IV. Olympischen Winterspielen in Garmisch-Partenkirchen 1936" (1936), „Im Land der braunen Erde" (1936), „Steppke – Die Geschichte eines Großstadtjungen: Seine Erlebnisse zu Wasser und zu Lande" (1937), „Ins Schlesierland marschieren wir! Ein Volk in Leibesübung. Breslau 1938" (1937), „Schiffsjungen im großdeutschen Stromgebiet" (1938), „Front der Kameradschaft – Das Deutsche Turn- und Sportfest Breslau 1938" (1938/1939), „Wir bauen ein Schiff" (1939), „Zwei Mädel finden ihren Weg" (1939/1940), „Jetzt erst recht!" (1944). (Quelle: www.filmportal.de.)

Umschlag der Kameradschaftszeitung der HJ-Feuerwehrschar 1 Celle. Auf 16 Seiten haben die HJ-Feuerwehrmänner Resümee gehalten über die Zeit ihrer Mitgliedschaft. Dabei sind einige bleibende Erinnerungen zu Papier gebracht worden, sei es im Einsatzgeschehen oder im täglichen Umgang mit den Vorgesetzten.   *Repro: Schworm*

Vorwort.

Wer keinen Scherz und Spaß versteht,
Der leg dies' Buch beiseite
Wer trömmelnd nur das Aug verdreht,
Der suche schnell das Weite.
Wir respektieren die Person
Und wollen niemand kränken
Und sagen wir die Wahrheit schon,
Wer braucht uns Glauben schenken.
Nur Laien, nicht Dichter sind wir,
Dazu fehlt uns die Muse.
Sind Dir die Verse schrecklich hier,
so sei so gut, mach Du se.
Und wenn Du liest und dennoch zischt,
so denke dran, es kost ja nischt.
Drum lies dies Blatt in wirren Zeiten,
Mit ungeklärten Heiterkeiten.

Dichtung und Wahrheit

Unter diesem Titel soll sprudeln unser
Wort
Meckerer und Nörgler scheren sich
fort.

Eine saubere Handschrift: Seite 1 des Pamphlets.   *Repro: Schworm*

Sie werden in Orten gebildet, wo mindestens eine Stärke von 15 Junggenossen erreicht wird. Wo diese Stärke nicht erreicht wird, werden Angehörige von HJ-Einheiten in durch Flieger gefährdeten Gebieten auch von Sonderformationen der HJ zur Dienstleistung innerhalb des Feuerwehr-Streifendienstes herangezogen. Die Feuerwehrscharen unterstehen nur dem Führer des Streifendienstes im Bann. Beim HJ-Dienst hat der HJ-Führer das Kommando. Beim technischen Dienst (Übungsdienst, praktischer Einsatz) übergibt der HJ-Führer dem Feuerwehrführer das Kommando. Junggenossen, die zum Feuerwehrdienst herangezogen wurden, haben in diesen Einheiten zu verbleiben.

Ein Ausscheiden vor Kriegsende ist unter keinen Umständen möglich. Für die Ausbildung der Feuerwehrscharen im HJ-Streifendienst ist in diesem Reichsbefehl ein besonderer Dienstplan veröffentlicht. Danach ist für die gesamte feuerwehrtechnische Ausbildung der Feuerwehrführer verantwortlich. Die übrige Ausbildung erfolgt nach dem „Ausbildungsplan für Sondereinheiten für die Kriegszeit" vom 1.11.1939 als K-Ausbildung durch die HJ.

Verlangt werden:

Heimabend bzw. Dienstunterricht: 2 mal im Monat je 2 Stunden;
Feuerwehrtechnische Ausbildung (Theorie/Praxis): 2 mal im Monat je 2 Stunden;
Praktische Feuerwehrausbildung u. Übungen: 1 mal im Monat, Sonntagvormittag;
Theoretische K-Ausbildung: 2 mal im Monat je 2 Stunden;
Praktische K-Ausbildung: 2 mal im Monat je ein ganzer Sonntag.

Die Dienststunden können nach örtlichen Gegebenheiten auf bestimmte Tage festgelegt werden; der planmäßige Dienst soll immer am gleichen Wochentag stattfinden. Nach Möglichkeit ist der Feuerwehrdienst der HJ mit dem der allgemeinen Freiwilligen Feuerwehr zusammenzulegen.

Jeder Angehörige der Feuerwehrscharen konnte das HJ-Feuerwehrabzeichen des Streifendienstes erwerben. Es wurde nach einer mit Erfolg abgelegten Prüfung verliehen, und zwar als Führerabzeichen, für Führer von Feuerwehrscharen und Sachbearbeiter der Gebiete, als Formationsabzeichen. Die Prüfung umfasste folgende Bedingungen, die nicht nach Punkten, sondern Lediglich mit „bestanden" (oder „nicht bestanden") gewertet wurden:

1. a) Feuerlöschgesetz vom 23.11.1938

    b) Vereinbarung zwischen dem Jugendführer des Deutschen Reiches und dem Reichsführer SS und Chef der Deutschen Polizei vom 28.6.1939

    c) Organisation der Freiwilligen Feuerwehren

2. Einteilung der Brände
3. Löschtaktik

    a. Was ist Feuer?

    b. Wie wird Feuer bekämpft?

    c. Die Gruppe
    d. Der Zug
4. Persönliches Verhalten an der Brandstelle
    a) feuerbeständig
    b) feuerhemmend
5. Schlauchkunde
6. Löschwasserversorgung
7. Gerätekunde (Kleinlöschgeräte)
8. Vorbeugende Brandschutzmaßnahmen
    a) feuerpolizeiliche Vorschriften
    b) Entrümpelung
9. Gas- und Rauchschutz (Schutzgeräte)
10. Brandbomben (Eigenschaften)
11. Waldbrände (Verhütung und Bekämpfung)
12. Persönliche Haltung (charakterlich, kameradschaftlich) des zu prüfenden Hitlerjungen

Das HJ-Feuerwehrabzeichen zeigt in einem Rhombus, in Anlehnung an das HJ-Abzeichen, das Hoheitszeichen der Deutschen Polizei auf weißem Grund mit einer Flammenkrone. Es wurde auf dem linken Ärmel getragen.

Seit 1940 fanden regelmäßig geschlossene HJ-Führerlehrgänge an den Feuerwehrschulen in Klein Mellen (Pommern), Koblenz (Rheinland), Dresden (Sachsen), Weimar (Thüringen), Celle (Hannover), Harrisleefeld (Schleswig-Holstein), Mainz (Hessen) und Heyrothsberge/Magdeburg (Provinz Sachsen) statt. Die Zeitschrift „Deutscher Feuerschutz" kündigte noch im Februar 1944 derartige Lehrgänge an.

Organisation und Uniformierung

In dem Runderlass vom 31. März 1941, der vornehmlich Fragen der Kosten regelt, wurden zugleich auch die organisatorische Zugehörigkeit der HJ-Feuerwehrscharen und die Uniformierung ihrer Mitglieder geklärt. Dazu heißt es in dem Erlass:

Die innerhalb einzelner größerer Gemeinden gebildeten geschlossenen Feuerwehrscharen der HJ sind jetzt und in kommenden Friedenszeiten als Teile der örtlichen Feuerwehren anzusehen.

Und:

Im Einvernehmen mit der Reichsjugendführung halte ich es für zweckmäßig, wenn die Hitlerjungen an Stelle des Winteranzuges der HJ mit Dienströcken versehen werden, die in Schnitt und Farbe den Waffenröcken der freiwilligen

Feuerwehrmänner gleichen; doch fallen Spiegel und Achselstücke fort. Dafür werden Schulterstücke aus gleichfarbigem Uniformtuch getragen. Auf diesen Schulterklappen sind Dienstgradabzeichen der HJ anzubringen. Auf dem linken Ärmel ist die HJ-Armbinde zu tragen, während das demnächst zur Verleihung kommende HJ-Feuerwehrabzeichen auf dem linken Unterärmel, in Höhe von etwa 3-4 cm unterhalb des Ellbogens zu tragen ist. Hinsichtlich der Hose und des Schuhzeuges sind während der Kriegszeit keine Vorschriften vorgesehen.

Je länger der Krieg dauerte, umso stärker wurde das Umwerben der anfangs so geschmähten Feuerwehr und des Nachwuchses für sie aus der Hitlerjugend. Dabei ging es ausschließlich um Kriegsmaßnahmen und nicht im geringsten um Maßnahmen der Jugendpflege. Nur Walter Schnell, längst Oberst und Chef des Amtes Freiwillige Feuerwehren in Berlin, blickte über den Krieg hinaus und bangte um den Bestand der Feuerwehren. In seinen Richtlinien vom 25. April 1941 heißt es u. a.:

Der Ausbildung der Hitlerjungen ist die größte Aufmerksamkeit zu widmen, da unbedingt erreicht werden muß, daß die Feuerwehrscharen auch nach dem Kriege bestehen bleiben, und die Jungen nach dem Ausscheiden aus der HJ in die Freiwilligen Feuerwehren übertreten.

Jugenddienstpflicht und Feuerwehrdienst

Neue Überschneidungen ergaben sich hinsichtlich der Jugenddienstpflicht und dem Feuerwehrdienst. Nach § 1 der Zweiten Durchführungsverordnung zum „Gesetz über die Hitler-Jugend" (Jugenddienst-Verordnung) vom 25. März 1939 waren alle Jugendlichen von 10 bis 18 Jahren zum Dienst in der Hitlerjugend verpflichtet. Nach § 3 der Dritten Durchführungsverordnung zum Gesetz über das Feuerlöschwesen vom 24. Oktober 1939 konnten in die Freiwillige Feuerwehr Jugendliche vom 17. Lebensjahr an aufgenommen werden. Die Widersprüche wurden durch einen Runderlass des Reichsministers des Innern und Jugendführers des Deutschen Reiches vom 16. Juni 1941 ausgeräumt:

Jugendliche, die zum Dienst der HJ erfaßt sind, können in die FF nur dann aufgenommen werden, wenn die HJ-Banndienststelle bescheinigt, daß gegen ihre Aufnahme in die FF keine Bedenken erhoben werden. Die Erteilung der Bescheinigung ist nur dann zu versagen, wenn dringende dienstliche Gründe der HJ dem Eintritt und der Betätigung in der FF entgegen stehen.

Jugendliche im jugenddienstpflichtigen Alter, die noch nicht der HJ angehören, können in die FF ohne weiteres aufgenommen werden. Die HJ-Banndienststelle hat jedoch zu bescheinigen, daß der Jugendliche der HJ nicht angehört und auch nicht für den Dienst in der HJ erfaßt worden ist. (...) Die Dienstzeit in den Feuerwehrscharen der HJ wird auf die spätere Dienstzeit als Feuerwehrmann in der FF voll angerechnet.

Das Ringen um den Kriegseinsatz der Hitlerjugend und um die Erhaltung der Schlagkraft der Feuerwehren wurde immer dringlicher, wie allein schon die Titel der Erlasse erkennen lassen: „Kriegseinsatz der HJ im Feuerwehrdienst" vom

25. Juni 1942, „Erhöhung der Schlagkraft der Freiwilligen Feuerwehren und Pflichtfeuerwehren" vom 25. März 1943, usw. Und noch am 8. Juni 1944 veröffentlichte die Reichsjugendführung in der Zeitschrift „Deutscher Feuerschutz" Ausschreibungen zu Gebietswettkämpfen und zum 1. Reichswettkampf der Feuerwehrscharen im Streifendienst der Hitlerjugend.

1945 war dann alles zu Ende.

Von besonderer Bedeutung ist aber noch eine Arbeitsanweisung für die Abteilung „N" der Ergänzungsstelle vom 23. März 1942. Im Abschnitt E wird zu den HJ-Feuerwehrscharen u. a. festgestellt:

Die HJ-Feuerwehrscharen sind dem HJ-Streifendienst angegliedert und zählen als Nachwuchs für die SS. Für jeden Angehörigen der HJ-Feuerwehrscharen muß eine SS-Nachwuchs-Stammkarte angelegt werden. Die Überweisung der Angehörigen der HJ-Feuerwehrscharen in die SS bzw. ihre Annahme für die Waffen-SS erfolgt nach der Arbeitsanweisung, Abt. Organisation C.

Es ist zu bezweifeln, ob das alle Angehörigen der HJ-Feuerwehrscharen gewusst haben. Aus dieser kurz gefassten Darstellung der Entwicklung der HJ-Feuerwehrscharen, geht wohl eindeutig hervor, dass diese kein Vorbild für die Jugendfeuerwehren unserer Zeit gewesen sind, noch jemals sein können. Unsere Jugend kommt freiwillig zu uns, während sie in die Jugendfeuerwehrscharen kommandiert wurde. Unsere Jugendfeuerwehren haben jugendpflegerische und jugendpolitische Ziele, während die Jugend der Feuerwehrscharen ausschließlich für parteipolitische und vor allem kriegerische Ziele missbraucht wurde. Der Ehrenpräsident des Deutschen Feuerwehrverbandes Albert Bürger, unter dessen Präsidentschaft die Deutsche Jugendfeuerwehr aufgebaut wurde, sagte das in der Feierstunde zum zehnjährigen Bestehen der Jugendfeuerwehren im Landesfeuerwehrverband Baden-Württemberg am 23. Januar 1983 sehr deutlich:

Ich lege Wert darauf festzuhalten, daß die während des Krieges aufgestellten und zum Einsatz gebrachten HJ-Feuerwehrscharen keine Vorläufer der heutigen deutschen Jugendfeuerwehr sind. Die Vereinbarung zur Abstellung von Hitlerjugendscharen zur Dienstleistung in den Freiwilligen Feuerwehren ist eine kriegspolitische Maßnahme und ein hartes Diktat über die damalige deutsche Jugend. Die Deutsche Jugendfeuerwehr kann deshalb in ihrer neueren Entwicklung der dritten Phase keinesfalls an die HJ-Feuerwehrscharen als traditionelle Vorgänger anknüpfen. Sie hat dies in den nachfolgenden Jahren auch nie getan, im Gegenteil, die HJ-Feuerwehrscharen waren für die spätere Bildung der Deutschen Jugendfeuerwehren eine große Belastung sowohl im ideellen, als auch besonders im politischen Bereich.

Eines soll aber auch heute gesagt werden, nämlich dass viele Hunderte junge Menschen zwischen dem 15. und 18. Lebensjahr in den HJ-Feuerwehrscharen in den Bombennächten der Luftangriffe ihr Leben hingeben mussten. Sie hatten über ihr Leben keine freie Entscheidung mehr, sondern wurden mit phrasenhaftem Pathos „auf dem Altar des Volkes" geopfert.

Diese Leistungen der jungen Menschen zum Schutze ihrer Mitmenschen verdienen genauso anerkannt zu werden, wie die Leistungen der Feuerwehrmänner in den Feuerwehr-Regimenten.

Die HJ-Feuerwehrscharen hatten sich bei Kriegsende verständlicherweise sofort aufgelöst. Sie, die einmal den Nachwuchs der Feuerwehren sicherstellen sollten, waren durch ihren Missbrauch im Kriege zerstört. Nur dort, wo der Gedanke der Jugendfeuerwehr schon vor diesen Jahren Fuß gefasst hatte, überdauerten einzelne Jugendfeuerwehren diese Zeit. Bei ihnen war der tragende Gedanke auch nicht allein die Nachwuchsförderung oder gar der militärische Einsatz gewesen, sondern die umfassende Erziehungsaufgabe, die Erziehung des jungen Menschen zur staatsbürgerlichen

* „Die HJ-Feuerwehr" ist ein Auszug aus dem Buch „Jugendfeuerwehren in Deutschland von 1865 bis 1965 – Entwicklungsgeschichte" von Benno Ladwig.

Benno Ladwig war von 1960 bis 1976 beim Deutschen Feuerwehrverband tätig gewesen, in den ersten Jahren in Doppelfunktion als Geschäftsführer des Landesfeuerwehrverbandes Niedersachsen. 13 Jahre lang war Ladwig als Generalsekretär des Deutschen Feuerwehrverbandes rechte Hand des Präsidenten und Leiter der hauptamtlichen Strukturen. Der langjährige Weggefährte des ersten DFV-Nachkriegspräsidenten, Albert Bürger, baute 1963 die erste Bundesgeschäftsstelle am Sitz der Bundesregierung in Bonn auf. Zu seinen nachhaltig verwirklichten Projekten zählt das „Feuerwehr-Jahrbuch" ebenso wie das Versandhaus des Deutschen Feuerwehrverbandes. Insbesondere an der Gründung der Deutschen Jugendfeuerwehr aber hatte Ladwig entscheidenden Anteil. Weggefährten lobten die unermüdliche Schaffenskraft des Vollblut-Feuerwehrmannes, der sich ehrenamtlich auch als stellvertretender Gemeindebrandmeister engagierte. Als anerkannter Fachmann und Referent setzte er sich für moderne Ausbildungsmethoden und effiziente Führungsstrukturen ein.

Ursprünglich hatte Ladwig evangelische Theologie studiert. Nach dem Zweiten Weltkrieg absolvierte er aber eine Mechanikerlehre und fand durch den Beruf auch zur Feuerwehr. Bereits als Oberfeuerwehrmann und Gruppenführer in der Freiwilligen Feuerwehr Rösehöfe (LK Schaumburg) hatte er am 29. September 1951 als Delegierter an der Gründungsversammlung des Landesfeuerwehrverbandes Niedersachsen in Celle teilgenommen und wenig später die Artikel „Jugend und Feuerwehr" in der Zeitschrift „Die Feuerwehr" (X/1952) und „Tradition und Leistung" (in: „Taschenkalender für die Feuerwehren" für das Jahr 1953) verfasst. Als Brandmeister übernahm er am 1. April 1953 die Geschäftsführung des Landesfeuerwehrverbands Niedersachsen. Im Rang des Hauptbrandmeisters ging Ladwig am 1. April 1963 als Generalsekretär des Deutschen Feuerwehrverbandes nach Bad Godesberg. Für seine Verdienste um das Feuerwehrwesen in Deutschland wurde Ladwig mehrfach ausgezeichnet. Am 23. April 2003 verstarb er im Alter von 92 Jahren. DFV-Präsident Gerald Schäuble würdigt Ladwig als „Pionier eines modernen Verbandes und maßgeblichen Initiator seiner erfolgreichen Nachwuchsorganisation, der Deutschen Jugendfeuerwehr. Benno Ladwigs Verdienste beim Aufbau leistungsfähiger Strukturen wirken bis heute. Wir werden ihm ein ehrendes Gedenken bewahren", sagte der DFV-Präsident. Ladwigs Ehefrau Agnes und der Familie sprach Schäuble sein tiefes Mitgefühl aus.

Anlagen

Gesetz über das Feuerlöschwesen.
Vom 15. Dezember 1933.

Das Staatsministerium hat das folgende Gesetz beschlossen:

Abschnitt I:

Die Feuerwehren

§ 1.

In jedem Ortspolizeibezirke muß eine leistungsfähige und den örtlichen Verhältnissen entsprechend ausgerüstete Feuerwehr vorhanden sein. Besteht ein Ortspolizeibezirk aus mehreren Gemeinden, so ist in jeder Gemeinde für genügenden Feuerschutz zu sorgen.

§ 2.

Die Feuerwehr hat im Auftrag des Ortspolizeiverwalters die Gefahren abzuwehren, die der Allgemeinheit oder dem einzelnen durch Schadenfeuer drohen. Die Polizeiaufsichtsbehörden können den Feuerwehren auch die Abwehr sonstiger Gefahren übertragen.

§ 3.

(1) Die Feuerwehr im Sinne der §§ 1 und 2 kann bestehen:

    a) aus Berufsfeuerwehrmännern;

    b) aus einer Freiwilligen Feuerwehr;

    c) aus Personen, die durch Polizeiverordnung zu einer Pflichtfeuerwehr zusammengeschlossen sind.

(2) Die Feuerwehr bedarf der Anerkennung der Polizeiaufsichtsbehörde.

§ 4.

(1) Jede Gemeinde von mehr als 100.000 Einwohnern soll Berufsfeuerwehrmänner anstellen. Gemeinden mit weniger als 100.000 können Berufsfeuerwehrmänner anstellen. Die Zahl der Berufsfeuerwehrmänner bestimmt die Polizeiaufsichtsbehörde unter Berücksichtigung der örtlichen Verhältnisse. Die Uniformierung, Ausbildung und Amtsbezeichnung der Berufsfeuerwehrmänner regelt der Minister des Innern nach Anhörung des zuständigen Ausschusses des Feuerwehrbeirats.

(2) Die Anerkennung als Berufsfeuerwehr darf nur ausgesprochen werden, wenn die auf Grund des Abs. 1 Satz 3 und 4 zu erlassenden Vorschriften erfüllt sind.

§ 5.

(1) Freiwillige Feuerwehren sind Vereine, deren Vereinszweck in der Bekämpfung der Feuergefahren besteht. Die Rechtsstellung der Mitglieder regelt die Satzung. Die aktiven Mitglieder müssen das 18. Lebensjahr vollendet und dür-

fen das 60. Lebensjahr nicht überschritten haben. Die Ausbildung und Uniformierung der freiwilligen Feuerwehrmänner und die Bezeichnung der Führer regelt der Minister des Innern nach Anhörung des zuständigen Ausschusses des Feuerwehrbeirats.

(2) Die Anerkennung als Freiwillige Feuerwehr darf nur ausgesprochen werden, wenn

1. die Vereinssatzung von der Polizeiaufsichtsbehörde genehmigt ist und

2. die Bestimmungen des Abs. 1 und der auf Grund dieses Absatzes erlassenen Vorschriften erfüllt sind.

§ 6.

(1) Soweit die auf Grund der §§ 4 und 5 gebildeten Feuerwehren hinsichtlich ihrer Stärke den örtlichen Verhältnissen nicht entsprechen, sind Pflichtfeuerwehren zu bilden.

(2) Die Rechte und Pflichten, die Uniformierung und die Ausbildung der Pflichtfeuerwehrmänner sowie die Bezeichnung der Führer wird durch Polizeiordnung geregelt. Die Anerkennung als Pflichtfeuerwehr darf nur ausgesprochen werden, wenn die Vorschriften dieser Polizeiverordnung erfüllt sind.

Abschnitt II:

Die Feuerwehrverbände

§ 7.

Die in einem Kreise vorhandenen anerkannten Feuerwehren bilden den Kreisfeuerwehrverband. Der Kreisfeuerwehrverband ist eine Körperschaft des öffentlichen Rechtes. Die Rechtsstellung des Vorstandes und der Mitglieder regelt die Satzung. Die Satzung bedarf in Landkreisen der Genehmigung des Landrats, in Stadtkreisen der Genehmigung des Regierungspräsidenten, in Berlin der Genehmigung des Oberpräsidenten. Die Vorstandsmitglieder werden in Landkreisen durch den Landrat, in Stadtkreisen durch den Regierungspräsidenten, in Berlin durch den Oberpräsidenten ernannt und abberufen.

§ 8.

Dem Kreisfeuerwehrverband obliegt es:

1. durch die Veranstaltung von Führerbesprechungen den Austausch der Erfahrungen zu vermitteln;

2. durch gemeinsame Feuerwehrübungen die Schlagkraft der örtlichen Feuerwehren zu erhöhen.

§ 9.

Die Kreisfeuerwehrverbände einer Provinz bilden den Provinzialfeuerwehrverband. Der Provinzialfeuerwehrverband ist eine Körperschaft des öffentlichen Rechtes. In dem Provinzialfeuerwehrverbande müssen die für die Provinz bestehende Feuersozietät sowie die Städte, Landkreise und Landgemeinden der Provinz durch je einen Vertreter vertreten sein. Die Vorstandsmitglieder werden durch den Oberpräsidenten ernannt und abberufen. Im übrigen richtet sich die Rechtsstellung des Vorstandes und der Mitglieder nach der Satzung. Die Satzung bedarf der Genehmigung des Oberpräsidenten.

§ 10.

Dem Provinzialfeuerwehrverband obliegt es:

1. die Einrichtung und Unterhaltung einer Provinzialfeuerwehrschule;
2. die Veranstaltung von Ausbildungslehrgängen im Feuerlöschwesen;
3. die Pflege des vorbeugenden Brandschutzes;
4. die Unterstützung der Kreisfeuerwehrverbände bei den diesen obliegenden Aufgaben.

§ 11.

(1) Die Provinzialfeuerwehrverbände bilden den Feuerwehrbeirat. Dieser ist eine Körperschaft des öffentlichen Rechtes. Der Minister des Innern kann Vertreter der Gemeinden und Personen, die über besondere Kenntnisse im Feuerlöschwesen verfügen (insbesondere Berufsfeuerwehrmänner), in den Feuerwehrbeirat einberufen. Im Feuerwehrbeirat müssen die öffentlichen und privaten Feuerversicherungsunternehmen und die Provinzen, Städte, Landkreise und Landgemeinden durch je einen Vertreter vertreten sein. Die Vorstandsmitglieder werden durch den Minister des Innern ernannt und abberufen. Im übrigen wird die Rechtsstellung des Vorstandes und der Mitglieder durch die Satzung geregelt. Die Satzung bedarf der Genehmigung des Ministers des Innern.

(2) Durch die Satzung ist je ein Ausschuß für die Angelegenheiten der freiwilligen Feuerwehren und der Berufsfeuerwehren zu bilden.

§ 12.

Dem Feuerwehrverband obliegt:

1. die Förderung des Feuerlöschwesens durch Pflege des einschlägigen Schrifttums und der Sammlung von Erfahrungen der außerpreußischen Feuerwehren;
2. die Prüfung und Begutachtung von Feuerlöschgeräten;
3. die Beratung des Ministers des Innern in allen Angelegenheiten des Feuerlöschwesens und der Feuerverhütung;
4. die Unterstützung der Provinzialfeuerwehrverbände bei den diesen obliegenden Aufgaben.

Abschnitt III:

Die Aufsicht über die Feuerwehrverbände

§ 13.

(1) Die Aufsicht über den Kreisfeuerwehrverband führen in Landkreisen der Landrat, in Stadtkreisen der Regierungspräsident und die diesem vorgesetzten

Polizeiaufsichtsbehörden, in Berlin der Oberpräsident und der Minister des Innern. Die Aufsicht über den Provinzialfeuerwehrverband führen der Oberpräsident und der Minister des Innern, die Aufsicht über den Feuerwehrbeirat der Minister des Innern.

(2) Die Sitzungen der Verbände, der Verbandsausschüsse und der Vorstandssitzungen sind der unmittelbar vorgesetzten Aufsichtsbehörde unter Angabe der Tagesordnung spätestens acht Tage vor dem anberaumten Zeitpunkte mitzuteilen.

(3) Die Aufsichtsbehörden können sich über die Angelegenheiten der Feuerwehrverbände durch Akteneinsichtnahme, durch Berichtseinforderungen und durch die Entsendung von Kommissaren zu den Sitzungen jederzeit unterrichten.

§ 14.

Alle Beschlüsse der Verbände oder ihrer Organe, die eine finanzielle Auswirkung haben, insbesondere die Beschlüsse über die Feststellung des Haushaltsplans und über die Jahresabrechnung, sind der unmittelbar vorgesetzten Aufsichtsbehörde vorzulegen. Diese Beschlüsse treten erst in Kraft, wenn die Aufsichtsbehörden innerhalb von zwei Wochen nach Eingang des Beschlusses keinen Widerspruch erhoben haben.

§ 15.

(1) Beschlüsse eines Verbandes, die die geltenden Gesetze oder die Verbandssatzung verletzen, kann die unmittelbar vorgesetzte Aufsichtsbehörde aufheben und verlangen, daß Maßnahmen, die auf Grund derartiger Beschlüsse getroffen sind, rückgängig gemacht werden. Gegen die Aufhebungsverfügung steht den Kreis- und Provinzialfeuerwehrverbänden innerhalb von zwei Wochen die Beschwerde an die nächsthöhere Aufsichtsbehörde zu. Diese entscheidet endgültig.

(2) Die Aufsichtsbehörden können ihre Zuständigkeiten durch besondere Organe ausüben.

Abschnitt IV:

Die sachliche Ausrüstung der Feuerwehren

§ 16.

(1) Die Beschaffung und Unterhaltung der für die Feuerwehren erforderlichen Löschgerätschaften, Ausrüstungsstücke, Alarmeinrichtungen, Wasserstationen und Gerätehäuser ist eine Aufgabe der Gemeinden. Über die Notwendigkeit von Aufwendungen für das Feuerlöschwesen entscheidet auf Antrag des Ortspolizeiverwalters in den Landgemeinden und kreisangehörigen Städten der Landrat, in den Stadtkreisen der Regierungspräsident, in Berlin der Oberpräsident.

(2) Gemeinden, die nicht imstande sind, die in Abs. 1 genannten Einrichtungen selbständig zu beschaffen, können durch die Kommunalaufsichtsbehörde mit Nachbargemeinden zu einem Feuerlöschverbande vereinigt werden. Der Feuerlöschverband hat die Stellung eines Zweckverbandes im Sinne des Gesetzes

vom 19. Juli 1911 (Gesetzsammlung S. 115). Über die infolge Veränderung oder Aufhebung eines Feuerlöschverbandes notwendig werdende Auseinandersetzung zwischen den Beteiligten entscheidet die Kommunalaufsichtsbehörde. Streitigkeiten zwischen den beteiligten Gemeinden über ihre Berechtigung oder Verpflichtung zur Teilnahme an den Nutzungen oder Lasten des Feuerlöschverbandes unterliegen der Entscheidung der Kommunalaufsichtsbehörde.

§ 17.

Durch Polizeiverordnung oder durch polizeiliche Verfügung kann vorgeschrieben werden:

1. daß in Häusern Feuerlöschgeräte vorhanden sein müssen,
2. daß besonders feuergefährliche Betriebe das nötige Löschwasser bereithalten,
3. daß in Warenhäusern Werksfeuerwehren (sic!) gebildet werden,
4. daß die Bewohner von größeren Häuserblocks oder von Ortsteilen für Zwecke des Feuerlöschwesens oder des Luftschutzes zusammengeschlossen werden,
5. daß Eigentümer von Fahrzeugen jeder Art diese in fahrbereitem Zustande für Feuerlöschzwecke zur Verfügung stellen müssen;
6. daß die Inhaber von Gebäuden diese einer regelmäßigen Brandschau unterziehen lassen müssen.

Abschnitt V:

Vom Verhalten in Brandfällen

§ 18.

Jeder, der den Ausbruch eines Schadenfeuers, das er nicht selbst zu löschen vermag, bemerkt, ist verpflichtet, unverzüglich der nächsten Polizei- oder Feuerwehrstelle davon Mitteilung zu machen. Personen, die dieser Pflicht vorsätzlich nicht nachkommen, werden mit Geldstrafe bis zu 150 RM. bestraft.

(...)

(Preußische Gesetzsammlung Jg. 1931-1933, S. 484)

Gesetz über das Feuerlöschwesen.
Vom 23. November 1938

Die wachsende Bedeutung des Feuerlöschwesens vor allem für den Luftschutz erfordert, daß schon seine friedensmäßige Organisation hierauf abgestellt wird. Hierzu ist nötig die Schaffung einer straff organisierten, vom Führerprinzip geleiteten, reichseinheitlich gestalteten, von geschulten Kräften geführten Polizeitruppe (Hilfspolizeitruppe) unter staatlicher Aufsicht. Zur Erreichung dieses Zieles hat die Reichsregierung das folgende Gesetz beschlossen, das hiermit verkündet wird:

I. Abschnitt
Die Feuerschutzpolizei
§ 1

(1) Der Reichsminister des Innern bestimmt, welche Gemeinden eine Feuerschutzpolizei einrichten müssen. Er bestimmt ferner, inwieweit die bisherigen Berufsfeuerwehren in die Feuerschutzpolizei übergeleitet werden.

(2) Die Beamten der Feuerschutzpolizei sind Polizeivollzugsbeamte. Für sie gelten die Vorschriften der §§ 8 bis 12, 14, 19 bis 25, 26 Abs. 2, § 27 sowie für die Polizeioffiziere der Feuerschutzpolizei auch die Vorschriften des § 7 Abs. 2 Satz 1 des Deutschen Polizeibeamtengesetzes vom 24. Juni 1937 (Reichsgesetzbl. I S. 653) sinngemäß.

(3) Die Altersgrenze (§ 68 des Deutschen Beamtengesetzes vom 26. Januar 1937 – Reichsgesetzbl. I S. 39) wird auf den Tag festgesetzt, an dem der Beamte der Feuerschutzpolizei das 60. Lebensjahr vollendet.

(4) Im übrigen gelten für die Beamten der Feuerschutzpolizei die allgemeinen beamtenrechtlichen Vorschriften.

II. Abschnitt
Die Feuerwehren
§ 2

Feuerwehren sind

a) die freiwilligen Feuerwehren,
b) die Pflichtfeuerwehren,
c) die Werkfeuerwehren.

§ 3

(1) Jede Gemeinde, in der eine Feuerschutzpolizei nicht besteht, hat eine leistungsfähige und den örtlichen Verhältnissen entsprechend ausgerüstete freiwillige Feuerwehr oder Pflichtfeuerwehr oder beide Feuerwehren nebeneinander aufzustellen.

(2) Durch die Aufsichtsbehörde können mehrere Gemeinden zu einem Feuerlöschverband zusammengeschlossen werden.

§ 4

(1) Die Aufsichtsbehörde bestimmt, welche Gemeinden neben der Feuerschutzpolizei eine freiwillige Feuerwehr oder Pflichtfeuerwehr oder beide Feuerwehren aufstellen müssen.

(2) Bestehen in einer Gemeinde neben der Feuerschutzpolizei eine freiwillige Feuerwehr oder eine Pflichtfeuerwehr oder beide Feuerwehren, so bilden sie unbeschadet ihrer verwaltungsmäßigen Selbständigkeit eine Einheit. Der Führer der Einheit ist der Leiter der Feuerschutzpolizei

§ 5

(1) Die Beschaffung und Unterhaltung der für die freiwilligen Feuerwehren und Pflichtfeuerwehren erforderlichen Löschgeräte, Bekleidung, Ausrüstung, Alarmeinrichtungen, Wasserversorgungsanlagen und Gerätehäuser ist Aufgabe der Gemeinden.

(2) Ferner haben die Gemeinden die durch Teilnahme an Lehrgängen entstehenden Kosten zu tragen.

(3) Den Mitgliedern der Feuerwehren ist der Lohnausfall bei Brand- und Katastrophenbekämpfung zu erstatten, soweit ihnen die unentgeltliche Hilfeleistung billigerweise nicht zugemutet werden kann. Die nähere Regelung trifft der Reichsminister des Innern im Einvernehmen mit den beteiligten Reichsministern. Er kann dabei bestimmen, ob und inwieweit Gemeinden und andere Rechtsträger zum Ausgleich des Lohnausfalls bei Brand- und Katastrophenbekämpfung heranzuziehen sind.

(4) Der Reichsminister des Innern bestimmt ferner im Einvernehmen mit dem Reichsminister der Finanzen, inwieweit auch Gemeindeverbände und Länder an den Kosten des Feuerlöschwesens zu beteiligen sind.

(5) Über die Notwendigkeit von Aufwendungen der Gemeinden für die Feuerwehren entscheidet die Aufsichtsbehörde.

§ 6

(1) Die von den freiwilligen Feuerwehren gebildeten Vereine und Verbände werden aufgelöst. Der Reichsminister des Innern bestimmt den Zeitpunkt der Auflösung und regelt die Rechtsnachfolge.

(2) An die Stelle der Vereine tritt eine nach Löscheinheiten gegliederte Hilfspolizeitruppe, deren Organisation der Reichsminister des Innern bestimmt. Der freiwillige Dienst in dieser Hilfspolizeitruppe ist ein ehrenvoller, opferbereiter Einsatz für die deutsche Volksgemeinschaft.

III. Abschnitt
Gemeinsame Vorschriften

§ 7

Im übrigen regelt der Reichsminister des Innern das gesamte Feuerlöschwesen (einschließlich der Brandschau) durch die erforderlichen Rechts- und Verwaltungsvorschriften im Einvernehmen mit den zuständigen obersten Reichsbehörden.

§ 8

(1) Dieses Gesetz tritt einen Monat nach seiner Verkündung in Kraft.

(2) Die Inkraftsetzung dieses Gesetzes für das Land Österreich und für die sudetendeutschen Gebiete bleibt vorbehalten.

Berchtesgaden, den 23. November 1938.

Der Führer und Reichskanzler

Adolf Hitler

Der Reichsminister des Innern

Frick

Der Chef des Oberkommandos der Wehrmacht

Keitel

Der Reichsminister der Luftfahrt und

Oberbefehlshaber der Luftwaffe

Göring

Der Reichsminister der Finanzen

In Vertretung

Reinhardt

(Reichsgesetzblatt, Jahrgang 1938, Teil I Seite 1662)

Erlaß über die Einführung der Hitlerjugend im Feuerlöschdienst vom 28. Juni 1939

Die wachsende Bedeutung des Feuerlöschwesens, vor allem für den Luftschutz, erfordert, daß die zur Verfügung stehenden Kräfte der Feuerschutzpolizei und der Feuerwehren verstärkt werden. Zur Erreichung dieses Ziels ist zwischen dem Reichsführer SS und Chef der Deutschen Polizei und dem Jugendführer des Deutschen Reiches am 21. April 1939 folgende Vereinbarung getroffen worden:

1. Der Jugendführer des Deutschen Reiches stellt dem Reichsführer SS und Chef der Deutschen Polizei in allen Luftschutzorten I. und II. Ordnung nach Maßgabe des öffentlichen Bedarfs Hilfskräfte aus den Einheiten der HJ zur Verfügung, die im Feuerlöschdienst ausgebildet werden.

2. Das Mindestalter der zum Feuerlöschdienst zu kommandierenden Jungen wird auf 15 Jahre festgelegt, wobei auf eine gleichmäßige Altersverteilung der in Frage kommenden drei ältesten HJ-Jahrgänge zu achten ist. Die Körpergröße soll nach Möglichkeit 165 Zentimeter nicht unterschreiten.

3. Die zum Feuerlöschdienst Kommandierten bilden keine Sondereinheiten, wie z.B. die Nachrichten-HJ oder Flieger-HJ. Die Jungen werden jedoch für feuerwehrtechnische Ausbildung in besonderen Einheiten (Kameradschaft, Schar, Gefolgschaft) unter HJ-Führern, die selbst feuerwehrtechnisch ausgebildet sind oder noch besonders ausgebildet werden, zusammengefaßt. Diese Führer sind für den HJ-Dienst in den Einheiten verantwortlich. Bei jedem feuerwehrtechnischen Übungsdienst oder bei jedem Einsatz gelten die Jungen als durch polizeiliche Verfügung herangezogen und treten damit unter den Befehl des ausbildenden oder leitenden Führers der Feuerschutzpolizei bzw. Feuerwehr. Eine disziplinäre Unterstellung ist damit nicht verbunden.

4. Die Sollstärke der für den Feuerlöschdienst bestimmten Einheit wird von dem Ortspolizeiverwalter im Einvernehmen mit dem Standortführer oder Standortbeauftragten der HJ festgelegt. Die Kommandierung des einzelnen Jungen gilt normalerweise bis zum Ausscheiden aus der Hitlerjugend. Fallen durch Abgänge oder aus sonstigen Gründen Kräfte aus, so sind diese laufend durch Neukommandierungen zu ersetzen.

5. Die feuerwehrtechnische Unterteilung der Einheiten erfolgt in Gruppen und Züge (2 Gruppen – 1 Zug). Die größte Einheit (Gefolgschaft), die im Rahmen dieser Vereinbarung aufgestellt werden kann, soll in einem Luftschutzort I. oder II. Ordnung vorläufig 80 Jungen, in Ausnahmefällen 100 Jungen, nicht übersteigen.

6. Der technische Dienst erstreckt sich auf alle im Feuerlöschdienst vorkommenden Übungen und Arbeiten mit dem Endziel der Verwendung der Jungen an allen zum Einsatz geeigneten Geräten in Gemeinschaft mit ausgebildeten Feuerwehrmännern im Anforderungsfall. Die feuerwehrtechnische Ausbildung erfolgt nach der Ausbildungsvorschrift für den Feuerwehrdienst (PVV.23) unter strengster Beachtung der geltenden Unfallverhütungsvorschriften. Die in den

feuerwehrtechnischen Einheiten tätigen Angehörigen der HJ genießen den Schutz der Reichsunfallversicherung.

7. Um einen möglichst hohen Stand der Ausbildung zu erreichen, werden nach Maßgabe der verfügbaren Mittel den feuerwehrtechnischen Einheiten der HJ für die Ausbildung besondere Feuerwehrgeräte bzw. -fahrzeuge zur Verfügung gestellt, so daß von einem bestimmten Ausbildungsstand an auch ein praktischer Einsatz an Brand- oder Unfallstellen möglich ist.

8. Die Leitung der feuerwehrtechnischen Ausbildung liegt in Händen des Kommandeurs der öffentlichen Feuerschutzpolizei bzw. des örtlichen Feuerwehrführers, der in Zusammenarbeit mit dem Standortführer oder Standortbeauftragten der HJ einen Dienstplan aufstellt.

Im blauen Rock: Die Uniformierung im Jahre 1934

**Uniformierung der Berufs- und der freiwilligen Feuerwehrmänner.
Anordnung d. MdI. v. 6. 2. 1934 – II D 2059*).**

Auf Grund der §§ 4 und 5 des Ges. über das Feuerlöschwesen v. 15. 12. 1933 (GS. S. 484, 500) wird angeordnet, daß die Berufs- und die freiwilligen Feuerwehrmänner die in der als Anlage abgedruckten Bekleidungsordnung vorgesehenen Uniformen usw. zu tragen haben. Vorhandene Uniformen, Ausrüstungsstücke, Kopfbedeckungen dürfen aufgetragen werden. Das gilt nicht hinsichtlich der Abzeichen.

- MBliV. S. 193.

----

*) *Sonderdrucke dieses RdErl. nebst Anlage zuf. mit dem RdErl. v. 6. 2. 1934 (MBliV. S. 193) können bei umgehender Bestellung von Carl Heymanns Verlag, Berlin W 8, Mauerstr. 44, bezogen werden. Sammelbestellungen erwünscht.*

**Sofort auszuführen gemäß MBliV. 1922 S 465 Abs. 3.
Berichtigung d. Anordnung d. MdI. v. 6. 2. 1934 – II D 2059**

MBliV. 1934, S. 195. In Sp. 7 Buchst. a Zeile 10/11 von oben lies: Oberbranddirektor, statt Oberbrandmeister

- MBliV. 1934 S. 233.

**Uniformierung der Berufs- und der freiwilligen Feuerwehrmänner.
Anordnung d. MdI. v. 26. 4. 1934 – II D 2059 II**

Auf Grund der §§ 4 und 5 des Ges. über das Feuerlöschwesen v. 15. 12. 1933 (GS. S. 484, 500) wird nach Anhörung der zuständigen Ausschüsse des Feuerwehrbeirats die Anlage zu den Anordnung über die Uniformierung der Berufs- und der freiwilligen Feuerwehrmänner v. 6. 2. 1934 – II D 2059 (MBliV. S. 193, 234) wie folgt geändert

1. Längsspalte 6 erhält in der Querspalte 1 unter a) und in den Querspalten 2, 3 und 4 nach dem Worte "Stadtwappen" jeweils den Zusatz "oder Provinzialwappen".

2. Längsspalte 6 erhält in Querspalte 3 als Abf. 3 folgenden Zusatz: "Sofern ein Brandmeister Führer einer selbständigen Feuerwehr ist, wird ihm das Tragen des Säbels freigestellt."

3. Längsspalte 7 erhält in Querspalte 1 unter b) folgende Fassung: "Helm aus Ganzmetall nach Form des Stahlhelms, schwarz, mit Kinnriemen, Schnalle und abknöpfbarem Nackenleder. Nationale wie bei der uniformierten Polizei."

4. In Längsspalte 7, Querspalte 2 werden die Worte "ohne Eichenlaubverzierung" gestrichen.

5. Längsspalte 7 erhält in Querspalte 3 folgende Fassung: "Wie zu 2., jedoch Mütze mit schwarzem Lacklederriemen.
Sofern ein Brandmeister Führer einer selbständigen Feuerwehr ist, darf er die Sturmschnur wie zu 1. tragen."

- MBliV. 1934 S. 669.

Hoheitszeichen für die Feuerwehr.
RdErl. d. MdI. v. 10. 7. 1934 – II D 2363/34.

Da die anerkannten Feuerwehren auf Grund des Ges. über das Feuerlöschwesen v. 15. 12. 1933 (GS. S. 484) in eine Pol.-Exekutive besonderer Art umgestaltet sind, verleihe ich diesen hiermit im Einvernehmen mit dem Pr. MPräs. das für die übrigen Pol.-Sparten durch RdErl. v. 23. 4. 1934 – II S I Nr. 39 III/34 J 3 (MBliV. S. 670) vorgesehene Hoheitszeichen. Dieses ist an Stelle der bisherigen preuß. Landeskokarde zu tragen.

An alle Pol.-Behörden.

- MBliV. S. 957.

Feuerwehrhelme
Anordnung d. MdI. v. 20.10.1934 – II D 2465 II

Anordnung d. MdI. v. 20.10.1934 – II D 2465 II. – berechtigt gemäß Anordnung im MBliV., 1934, S. 1511.

Auf Grund der §§ 4 und 5 des Ges. über das Feuerlöschwesen v. 15.12. 1933 (GS. S. 484) wird folgendes angeordnet:

1. Die Bekleidungsordnung für die Berufsfeuerwehren und die Freiwilligen Feuerwehren Preußens v. 6. 2. 1934 – II D 2059 (MBliV. S. 193, 234), 26. 4. 1934 – II D 2059 II (MBliV. S. 669) erhält in Sp. 7 "Kopfbedeckung" unter b) folgende Fassung:

"Feuerwehrhelm aus Ganzmetall mit Kamm in der Farbe der Uniformknöpfe, schwarz mit hellem Rand, Kinnriemen, Schnalle und abknöpfbarem Nackenleder, Nationale wie bei der uniformierte Polizei."

2. Die Anordnung über Feuerwehrhelme v. 3. 5. 1934 – II D 2246 (MBliV. S. 689) erhält unter Ziff. I 2 folgenden Zusatz:

"und mit einem Kamm in der Farbe der Uniformknöpfe versehen sein". Ein Musterhelm in der neuen Form liegt in der Hauptfeuerwache Berlin SW 19, Lindenstr. 40, aus.

An alle Pol.-Behörden.

- MBliV. S. 1325.

Sofort auszuführen gemäß MBliV. 1922 S. 455 Abs. 3.
Berichtigung d. Anordnung d. MdI. v. 20.10.1934 – II D 2465 II.

S. 1325. Im RdErl. v. 20. 10. 1934 über Feuerwehrhelme ist in. Ziff. 1 Zeile 2 des Kleindrucks zu streichen: mit hellem Rand.

- MBliV 1934 S. 1511.

Die Feuerwehr-Regimenter im zweiten Weltkrieg Teil 2
von Joachim Haase und Dieter Jarausch
(Stuttgart 1990)

Inhalt

1.	Vorgeschichte
1. 1	Allgemeines
1. 2	Besondere Feuerwehrorganisationsformen bis 1850
1. 3	Besondere Feuerwehrorganisationsformen von 1850 bis 1933
1. 4	Die Umorganisation des Feuerlöschwesens nach 1933
1. 5	Das Amt Feuerschutzpolizei im Hauptamt Ordnungspolizei
1. 6	Die Inspekteure bzw. Befehlshaber der Ordnungspolizei (IdO bzw. BdO)
1. 7	Pinowfurt-Affäre
1. 8	Mobile Feuerwehrformationen des Luftschutzes
2.	Das Feuerschutzpolizei-Regiment 1 "Sachsen"
2. 1	Aufstellung
2. 2	Stärke, Gliederung und Ausstattung
2. 3	Einsatz des Regimentes
2. 3. 1	Einsatz im Westen
2. 3. 2	Einsatz im Osten
2. 3. 3	Einsatz in Rumänien
2. 3. 4	Einsatz im Reich
2. 4	Auflösung
3.	Das Feuerschutzpolizei-Regiment 2 "Hannover"
3. 1	Vorgeschichte
3. 2	Aufstellung
3. 3	Verteilung auf Einsatzräume und Tätigkeiten des Regimentes 2 im Jahr 1941
3. 3. 1	Die I. Abteilung
3. 3. 2	Die II. Abteilung
3. 3. 3	Die III. Abteilung

3. 4	Das Regiment im Jahr 1942
3. 4. 1	Einsatz des Regimentes 2 in Lübeck
3. 4. 2	Neue Einsatzräume für das Regiment 2
3. 4. 3	Die I. Abteilung
3. 4. 4	Die II. Abteilung
3. 4. 5	Die III. Abteilung
3. 4. 6	Weitere Begebenheiten
3. 5	Das Regiment 2 im Jahr 1943 bis zur Umorganisation
3. 6	Die Auflösung des Regimentes 2
3. 7	Schlussbetrachtung
4.	Das Feuerwehr-Regiment 3 "Ostpreußen"
4. 1	Vorgeschichte
4. 1. 1	Allgemeines
4. 1. 2	Situation der freiwilligen Feuerwehren nach der Umorganisation des Feuerwehrwesens
4. 1. 3	Das Amt für Freiwillige Feuerwehren
4. 2	Aufstellung
4. 2. 1	Der Alleingang des Abschnittsinspekteurs Fiedler
4. 2. 2	Übernahme des Regimentes 3 durch das Hauptamt OP
4. 2. 3	Die endgültige Indienststellung des Regimentes 3
4. 3	Die Konsolidierungsphase
4. 3. 1	Die Personalproblematik des Regimentes 3
4. 3. 2	Dienstgrade, Funktionen und Uniformierung
4. 3. 3	Der Kader für das Regiment 4
4. 4	Einsatzräume des Regimentes 3
4. 4. 1	Warschau
4. 4. 2	Reichsgebiet
4. 5	Die Auflösung des Regimentes 3
4. 6	Schlussbetrachtung
5.	Das Feuerwehr-Regiment 4 "Ukraine"
5. 1	Vorgeschichte
5. 2	Aufstellung
5. 3	Gliederung des Regimentes 4 ab Mitte 1942
5. 3. 1	Organisation
5. 3. 2	Personal
5. 3. 3	Ausstattung
5. 4	Das Regiment 4 in der Ukraine
5. 5	Die Auflösung des Regimentes 4

5. 6	Schlussbetrachtung
6.	Das Feuerwehr-Regiment 5 "Böhmen-Mähren"
6. 1	Vorgeschichte
6. 2	Aufstellung
6. 3	Stärke und taktische Gliederung des Regimentes 5
6. 4	Ausstattung und Ausrüstung
6. 5	Tätigkeiten und Entwicklung des Regimentes 5 bis zur Umorganisation
6. 6	Die Auflösung des Regimentes 5
6. 7	Schlussbetrachtung
7.	Das Feuerschutzpolizei-Regiment "Niederlande"
7. 1	Vorgeschichte
7. 2	Aufstellung
7. 3	Stärke, Gliederung und Ausrüstung
7. 4	Weitere Begebenheiten
7. 5	Schlussbetrachtung
8.	Nachwort
9.	Quellenverzeichnis
10.	Bildnachweis

Die Aufstellung und Organisation der Feuerwehr-Regimenter war eigentlich ein Produkt des Krieges. Zu Beginn des Krieges wurden Überlegungen angestellt, auf welche Weise man den überregionalen Luftschutz gewährleisten könne. So wurden in den Jahren 1940 bis 1943 insgesamt sechs Feuerwehr-Regimenter mit einer Gesamtstärke von rund 6000 Mann aufgestellt:

Feuerschutzpolizei-Regiment 1 „Sachsen"	10.11.1939
Feuerschutzpolizei-Regiment 2 „Hannover"	29.11.1940
Feuerwehr-Regiment 3 „Ostpreußen"	20.05.1941
Feuerwehr-Regiment 4 „Ukraine"	01.11.1941
Feuerwehr-Regiment 5 „Böhmen-Mähren"	12.07.1942
Feuerschutzpolizei-Regiment „Niederlande"	19.03.1943

Das Regiment 1 bestand ausschließlich aus Angehörigen der Berufs- und freiwilligen Feuerwehren. Beim Regiment 2 waren dagegen die Feuerwehrangehörigen bereits in der Minderheit, weil die Personalreserven kriegsbedingt erschöpft waren. Die Regimenter 3 und 4 konnten durch den persönlichen Ehrgeiz eines Provinzialfeuerwehrführers ganz aus den Reihen der freiwilligen Feuerwehren aufgestellt werden. Die Regimenter 5 und 6 (Niederlande) waren Einrichtungen des Protektorates bzw. des niederländischen Staates.

Der Unterschied in der Namensgebung liegt darin, dass man das Feuerwehrregiment III, welches sich zunächst nur aus Angehörigen der freiwilligen Feuerwehren zusammensetzte, von den ersten beiden „Berufsfeuerwehr"-Regimentern, abgrenzen wollte. Später wurde diese Bezeichnung jedoch wieder in Feuerschutzpolizei-Regiment umbenannt.

Die Feuerwehrregimenter selbst standen unter dem Befehl des Hauptamtes der Ordnungspolizei. Damit werden der Exekutivcharakter und der Polizeistatus der damaligen Feuerwehren deutlich.

Das am längsten existierende Regiment 1 kam auf den Kriegsschauplätzen im Westen und im Osten zum Einsatz. Im Jahr 1942 wurde dann allerdings die Hälfte seiner Kräfte zu Luftschutzaufgaben im Reichsgebiet verwendet. Bereits 1941 bildete Rumänien einen Schwerpunkt des Regiments, hier wurden dann ab 1943 mehr als zwei Drittel der Kräfte benötigt.

Die Auslandseinsätze des Regimentes 2 können als unbedeutend eingestuft werden. Sein Tätigkeitsbereich lag in Nord-, Mitteldeutschland und im Ruhrgebiet. Nach kurzem Aufenthalt im Osten kam das Regiment 3 erst in Süddeutschland, später ebenfalls im Ruhrgebiet zum Einsatz. Das nie richtig zum Verband aller Regimenter zählende Regiment 4 fand ein weites, nicht immer unbedingt feuerwehrtechnisches Betätigungsfeld in der Ukraine und wurde als erstes wieder aufgelöst. Der Wirkungsbereich der Regimenter 5 und 6 beschränkte sich auf ihre Heimatgebiete.

Bis auf das Regiment 4 unterstanden alle Regimenter einheitlicher Aufsicht und einer zentralen Versorgung. Obwohl man sich ständig .um einen Abgleich bemühte waren die Unterschiede erheblich. Es kann jedoch festgestellt werden, dass 1943 bei den Regimentern 1 bis 3 tatsächlich ein Abgleich, hier besonders durch Personalaustausch erreicht worden war.

Drei Jahre Kriegserfahrung führten zu der Erkenntnis, dass es falsch war, Feuerwehreinheiten in Regimentsstärke aufzustellen. Das Hauptproblem lag dabei nicht in der Logistik, sondern in den zu weiten Einsatzräumen. Mit Ausnahme von Rumänien, dort hatte man zu Luftschutzzwecken auf engstem Raum sogar eine LS-Brigade aufgestellt, kamen die Feuerwehreinheiten in der Regel kompanieweise und nur selten als geschlossene Abteilung zum Einsatz. Es schien daher geboten, die Abteilungen der Regimenter zu verselbständigen und einem einzigen zentralen Führungsstab zu unterstellen. Dabei wurden die Regimenter 1 bis 3 in 7 neue Abteilungen zu rund 600 Mann umorganisiert. Aus dem Regiment 5 entstanden 2 Abteilungen.

Das Regiment 6 war von Anbeginn nur auf Abteilungsstärke ausgelegt. Aus den in Rumänien liegenden Einheiten des Regimentes 1 waren bei der Umorganisation 2 komplette Abteilungen entstanden. Um sie nicht in der Masse anderer Luftschutzeinheiten untergehen zu lassen, wurden sie einem Regimentsstab „z.b.V." unterstellt. So blieb in Rumänien, aufgrund besonderer örtlicher Gegebenheiten, der Regimentsstatus immer formal bestehen.

Einsätze der Feuerwehrbereitschaft z.b.V. 1943

Im Jahre 1943 hatte die Feuerwehrbereitschaft z.b.v. der Feuerwehrschule Celle einige ihrer größten Einsätze ihres Bestehens zu verzeichnen. Die Einsätze erfolgten am 22./23. September, 28./29. September, 8./9. Oktober und 18./19. Oktober 1943 nach den vier großen nächtlichen Luftangriffen der britischen Luftwaffe auf Hannover.

In dieser Zeit wurden, auf Anweisung vom Amt für Freiwillige Feuerwehren, in Deutschland so genannte ständige Bereitschaften für überörtliche Einsätze aufgestellt. Auch die Freiwillige Feuerwehr Celle bildete eine Bereitschaft, die von Hauptzugführer Otto Bruns geführt wurde.

Über den Einsatz der Sonderbereitschaft z.b.V. am 22./23. September 1943 in Hannover führte Schulleiter von dem Bussche einen Bericht:

<u>Aktenvermerk</u>   *über den Einsatz der Bereitschaft "Feuerwehr-Sondereinheit z.b.V. an der Prov. Feuerwehrschule Celle".*

Die Feuerwehr-Sondereinheit z.b.V. wurde aus Anlaß des Luftangriffes auf Hannover am 22./23. September 1943 eingesetzt. Die Anforderung erfolgte durch den Inspekteur der Ordnungspolizei Hannover (siehe Wachbuch). Die Bereitschaft rückte aus mit 1 Abteilungsführer – Direktor, 2 Bereitschaftsführer, 4 Unterführer, 55 notdienstpflichtige Feuerwehrmänner und 5 Löschfahrzeugen, 1 Drehleiter, 1 LKW, 2 PKW, 1 Krad.

Die Bereitschaft brauchte zur Fahrt nach Hannover genau 1 Stunde und traf um 0.10 Uhr an der Lotsenstelle Koch-Podbielskistrasse ein. Dort erhielt sie von der LS-Leitung Einsatzbefehl zum 6. Polizeirevier Landwehrstrasse in Döhren. Da die Verbindung zur LS-Leitung zunächst erschwert war und nicht ohne weiteres hergestellt werden konnte, stieß der Unterzeichnete mit seinem Pkw zur Luftschutzleitung Schützenplatz vorab durch und veranlaßte von dort aus, dass ein Kradfahrer als Melder und Lotse zur Einheit entsandt worden ist.

Von der Befehlsstelle Döhren (Polizeirevier 6) wurde die Einheit eingesetzt in der Großrettungsstelle Kath. Waisenhaus Hildesheimerstrasse, das unter einem erheblichen Dachstuhlbrand stand; ferner in die Roßkampstrasse, Waldheimstrasse usw. Hier hatte die Bereitschaft bis gegen 14 Uhr nachmittags zu tun und wurde alsdann vom LS-Abschnitt West – Prinzenstrasse im Gebiet Warmbüchenkamp und Ubbenstrasse eingesetzt. Gegen 21.30 Uhr erfolgte nach vielen Schwierigkeiten und dringenden Vorstellungen des Unterzeichneten endlich die Entlassung der Bereitschaft wieder zurück nach Celle.

Dem Einsatz der Einheit ist es zu verdanken, dass insbesondere das Waisenhaus in der Hildesheimerstrasse gerettet wurde, sowie die Ausdehnung weiterer Brände im Waldhausengebiet unterbunden worden ist und die wieder aufgeflammten Brände im Gebiet Warmbüchenkamp-Ubbenstrasse abgelöscht wurden.

Die Bereitschaft hatte einen Leichtverletzten, sonst ist Mannschaft und Gerät, abgesehen von kleineren unbedeutenden Schäden, vollzählig und in Ordnung wieder zurückgeführt worden.

v.d.Bussche

Abschrift von kaum lesbaren Kopien, Textübertragung durch Hans Hische in: Mein Leben in der Feuerwehr, Celle 2004, S. II/ 5

Knapp eine Woche später, am 28./29. September 1943, erfolgte ein weiterer Luftangriff auf Hannover. Ohne direkten Einsatzbefehl rückte die Bereitschaft zunächst bis zur Lotsenstelle an der Podbielskistraße ab. Schulleiter von dem Bussche notierte am zweiten Tag des Einsatzes:

<u>Aktenvermerk</u>   *über den Einsatz der Bereitschaft "Feuerwehr-Sondereinheit z.b.V. an der Prov. Feuerwehrschule Celle" anläßlich des Luftangriffes auf Hannover am 28./29. September 1943.*

Seitens des Unterzeichneten wurde erneut ein schwerer Luftangriff auf Hannover von Celle aus erkannt und schwere Brände über Hannover festgestellt. Nachdem es feststand, dass das Celler Gebiet anscheinend nicht angegriffen wurde, obwohl es mit Beleuchtungsmunition reichlich beworfen war, versuchte ich mit dem Inspekteur der Ordnungspolizei bzw. der LS-Leitung in Hannover fernmündlich Verbindung zu bekommen. Es war nicht möglich. Im Einvernehmen mit der LS-Leitung Celle gab ich aus diesem Grunde Befehl, die Bereitschaft bis zur bestimmten Lotsenstelle Podbielskistrasse vorzuziehen. Die Bereitschaft rückte aus mit 1 Abteilungsführer, 2 Bereitschaftsführern, 4 Unterführern und 61 notdienstpflichtigen Feuerwehrmännern. Von der Lotsenstelle Podbielskistrasse war offensichtlich durch Schadenseinwirkung eine Verbindung mit der LS-Leitung nicht herzustellen. Da die Einfahrtswege nach Hannover – wie festgestellt – im Schadensgebiet lagen, bin ich mit dem Pkw. durchgestoßen durch das Schadensgebiet bis zum LS-Abschnitt Nord – Welfenplatz, dort habe ich die Einheit gemeldet. Ich selbst habe dann den Einsatzbefehl an die Bereitschaft zurückgebracht und sie zum Einsatz auch selbst geführt.

Die Bereitschaft wurde zunächst zum Abschnitt Nord – Welfenplatz durchgezogen. Die Anfahrt war nur unter größten Schwierigkeiten möglich, da durch Bombentrichter, Schuttmassen und bereits schon arbeitende Einsatzkräfte das Gebiet verkehrstechnisch äußerst schwierig geworden war.

Der erhaltene Einsatzbefehl lautete:

"Auf Grund eingegangener Schadensmeldungen befinden sich in dem Gebiet Christuskirche-Im Moor-Sandstrasse-Weidendamm ausschl. Güterbahnhof eine große Anzahl fortgeschrittener Brände. Befehlsstelle ist an der Christuskirche einzurichten und das Gebiet zu übernehmen."

Ich führte die Bereitschaft bis zur Christuskirche und richtete dort eine Befehlsstelle ein. Mit 2 Pkw. wurde das Gebiet aufgeteilt und von dem Unterzeichneten sowie den Bereitschaftsführern Wähner und Künnecke durchstoßen und erkundet. Es wurde nur <u>eine</u> wesentliche Schadensstelle in der Gerhardstrasse ermit-

telt, wo aber bereits ein Zug Feuerwehr eingesetzt war. Ich habe dem Brandmeister Jablonski von der Feuerwehr Continental den Auftrag gegeben, die Schadensstelle zu übernehmen und bei Erlöschen des Brandes sich beim LS-Abschnitt Nord zurückzumelden. Dies ist auch später geschehen. Alsdann habe ich Rückmeldung an den Abschnitt Nord veranlaßt, dass im Schadensgebiet keine Brände besonderen Ausmaßes seien und die Bereitschaft zum weiteren Einsatz zur Verfügung stände. Daraufhin wurde die Bereitschaft zum Abschnitt Nord – Welfenplatz zurückgezogen und erhielt neuen Einsatzbefehl zur Lortzingstrasse (unbedeutender Schaden, der durch die nötigen Anweisungen seine Erledigung fand), Bothfelderstrasse-Saalenkamp (Siedlung). Hier boten sich außergewöhnlich große Schwierigkeiten, um überhaupt mit der Kolonne durchzukommen; es ist dennoch gelungen. Dort war aber bereits eine Einheit der Feuerschutzpolizeiabteilung 4 eingesetzt. Hierbei zog die Abteilung auftragsgemäß weiter nach zu erblickenden Schadensstellen in ihrem Bereich und so gab ich den Befehl, die in größtem Ausmaß brennende Flak-Kaserne in Bothfeld in Angriff zu nehmen, wo noch kaum Kräfte im Einsatz waren. Hier hat die Bereitschaft bis etwa gegen 11 Uhr vormittags im Einsatz gelegen. Die Aufgaben in der Flak-Kaserne Bothfeld waren außerordentlich umfangreich und schwierig, da die Kaserne in voller Ausdehnung brannte, das Gelände mit schweren Sprengbomben durchpflügt war und Langzeitzünder ebenfalls in erheblichem Maße in der Umgebung vorhanden waren. Sämtliche 6 Gruppen kamen zum Einsatz. Nachdem die Wehrmacht selbst die Ablöscharbeiten übernehmen konnte, wurde die Bereitschaft wieder zum LS-Abschnitt Nord-Welfenplatz zurückgezogen und hatte dort eine kurze Verpflegungsruhepause.

Alsdann wurde am Nachmittag gegen 15 Uhr die Bereitschaft erneut eingesetzt bei der Firma Hackethal und in der ganzen Umgebung bis zur Reichsautobahn. Auf höhere Anordnung mußte das dort eingesetzte LS-Regt. 42 herausgenommen werden und wurde mir bzw. Bereitschaftsführer Wähner die ganze Aufsicht von der Reichsautobahn bis südlich der Kanalbrücke über Hackethal hinaus übergeben. Wenngleich es im wesentlichen nur noch um Ablöscharbeiten handelte, so waren diese Ablöscharbeiten aber um so umfangreicher. Nachdem diese Aufgabe weitgehendst erfüllt war, ist es mir auf Grund dringendster Vorstellungen bei der LS-Leitung und dem Kommandeur des LS-Abschnitts Nord gelungen, gegen 20.30 Uhr die Entlassung zu erhalten. Die Bereitschaft traf gegen 21.30 Uhr sehr stark abgekämpft in ihrer Unterkunft Feuerwehrschule Celle wieder ein. Kleinere Materialschäden an Fahrzeugen liegen vor, die aber die Einsatzfähigkeit nicht beeinflussen. Personalverluste liegen nicht vor.

Der Einsatz der Einheit hat insbesondere bezweckt

1. *dem LS-Abschnitt Nord die Sicherheit zu geben, dass in dem Gebiet Engelbostelerdamm-Christuskirche keine ~~besonderen~~ Schäden von besonderer Bedeutung vorlagen und vorbereitungsmäßig die nötigen Abwehrkräfte bereitstanden. Diese Aufgabe ist mit vollem Erfolg erfüllt worden.*

2. Der Einsatz an der Flakkaserne hatte zur Folge, dass die verhältnismäßig starken Loderfeuer, die dort noch vorhanden waren, sehr bald bekämpft und immerhin das Weiterverbreiten des Feuers unterbunden wurde.

Besondere Schwierigkeiten boten die Zufahrtswege und die knappe Wasserversorgung. Mit dem Kommandeur Oberstleutnant Grimm und dem Luftschutzoffizier (Name entfallen) war entsprechende Verbindung hergestellt.

3. Das Gebiet Hackethal mußte unter Kontrolle genommen und die noch vorhandenen Brandreste abgelöscht werden. Es war der LS-Leitung bzw. dem LS-Abschnitt Nord Sicherheit zu verschaffen, dass die wesentlichen Gefahren in diesem Stadtteil beseitigt wurden. Diese Aufgabe ist ebenfalls dementsprechend erledigt worden.

Der Einsatz der Feuerwehr-Sondereinheit z.b.V. hat somit auch bei dem zweiten Luftangriff auf Hannover eine dankbare Aufgabe und sehr guten Erfolg gefunden.

v.d.Bussche

entnommen aus: Hische, Hans, Mein Leben in der Feuerwehr, Celle 2004, S. II/ 6 ff.

Der Verfasser erlaubt sich, an dieser Stelle auf folgende Aufsätze zum Thema in der Deutschen Feuerwehr-Zeitung BRANDSchutz hinzuweisen:

Christian Stichternath: Die Feuerwehr im Dienst des Nationalsozialismus – Politisierung, Militarisierung und Propaganda bei der Berufsfeuerwehr Hannover, BRANDSchutz 2/2001, S. 126 ff.

Christian Stichternath: Die Feuerwehr als Teil der Kriegführung – Personalmangel, Aufgabenwandel, Militarisierung, BRANDSchutz 2/2002, S. 108 ff.

Andreas Linhardt: „Manchesmal weiß ich selbst nicht mehr, wer etwas zu sagen hat" – Die „Kriegsspitzengliederung" von Feuerwehren und Luftschutz 1939-1945, BRANDSchutz 2/2002, S. 136 ff.

Literatur

Matthias Blazek: 75 Jahre Niedersächsische Landesfeuerwehrschule Celle, Celle 2007

Brian Leigh Davis; Pierre Turner: Deutsche Uniformen im Dritten Reich 1933-1945, München 1980

Gustav Ewald: Die Geschichte der Feuerspritze bis 1945, Stuttgart 1978

Michael Foedrowitz: Feuerwehrfahrzeuge im Einsatz 1939-1945, Feuersturm und Wassergasse, Utting/Eggolsheim 2001

Joachim Haase; Dieter Jarausch: Die Feuerwehr-Regimenter im zweiten Weltkrieg, Teil 2, vfdb-Referat 11, Referatsbericht Nr. 18, Stuttgart 1990

Ralf Bernd Herden: Roter Hahn und Rotes Kreuz – Chronik der Geschichte des Feuerlösch- und Rettungswesens, Norderstedt 2005

Wolfgang Hornung: Feuerwehrgeschichte – Brandschutz und Löschgerätetechnik von der Antike bis zur Gegenwart, Stuttgart 1981

Christian Kerstiens: Das preußische Feuerlöschgesetz und seine Auswirkungen, Aus dem Vortrag des Oberregierungsrats Dr. Kerstiens vom Ministerium des Innern auf der Tagung des Landesfeuerwehrverbands zu Hannover am 7. Januar 1934, in: Feuerwehr-Verbands-Zeitung 1934, S. 77 ff.

Benno Ladwig: 100 Jahre Niedersächsischer Feuerwehrverband, in: Festschrift 100 Jahre Landesfeuerwehrverband Niedersachsen e.V., Lüneburg 7.-9. Juni 1968, S. 7 ff.

Andreas Linhardt: Feuerwehr im Luftschutz 1926-1945 – Die Umstrukturierung des öffentlichen Feuerlöschwesens in Deutschland unter Gesichtspunkten des zivilen Luftschutzes, Braunschweig 2002

Heinz Lücker (Recherche); Rolf Schamberger (Bearbeitung): Der alte Hessische Landesfeuerwehrverband – Vom großherzoglichen Landesfeuerwehrverband zum Bezirksfeuerwehrverband des Bundeslandes Hessen, in: Alle Kraft der Feuerwehr – 50 Jahre Landesfeuerwehrverband Hessen, Wiesbaden 2004, S. 20 ff.

Conrad Dietrich Magirus, Feuerwehrkommandant in Ulm: Das Feuerlöschwesen in all seinen Theilen, Ulm 1877

Albert Michaelis: 100 Jahre Kreisfeuerwehrverband Celle 1908-2008, Bergen 2008

Günter Naacke: Die Verbandstage des Brandenburgischen Provinzial Feuerwehrverbandes, 1877-1938, Berlin 1994

Günter Naacke: Im Einsatz für Brandenburg – Geschichte des Feuerwehrwesens von 1938 bis 1941, Berlin 2000

Daniel Ruhland: 150 Jahre Freiwillige Feuerwehr Peine-Kernstadt 1852-2002, Peine 2002

Hans Rumpf: Der hochrote Hahn – Eine dokumentarische Wahrheit über die Luftangriffe auf Deutschland im Zweiten Weltkrieg, Darmstadt 1952

Walter Schnell: Abriß aus der Geschichte der Freiwilligen Feuerwehren 1933-1945, in Hans Gustl Kernmayr (Hrsg.): Der Goldene Helm, 2. Auflage, München 1998 (1. Auflage 1956), S. 274-284

Christian Stichternath: Polizeitruppe und Luftschutzorganisation – Berufsfeuerwehr Hannover im Dritten Reich, Magisterarbeit, abgedruckt in: 125 Jahre Berufsfeuerwehr Hannover 1880-2005, Hannover 2005, S. 38 f.

Adolf Wilkens: Die staatliche Aufsicht, in: Chronik 125 Jahre Landesfeuerwehrverband Niedersachsen 1868-1993, Hannover 1993, S. 155 ff.

Im Buch verwendete Abkürzungen:

a. a. O.	am angegebenen Ort
Bd.	Band
Bl.	Blatt
Bürgerm.	Bürgermeister
Dep.	Depositum
Dr.	Doktor
ff.	folgende
gem.	gemäß
Gestapo	Geheime Staatspolizei
HJ	Hitlerjugend
Hrsg.	Herausgeber(in)
Jg.	Jahrgang
KZ	Konzentrationslager
LK	Landkreis
MBliV	Ministerialblatt innere Verwaltung
nachm.	nachmittags
Nds. HptStA	Niedersächsisches Landesarchiv -Hauptstaatsarchiv Hannover-
Nds. StA	Niedersächsisches Staatsarchiv (Bückeburg)
Nr.	Nummer
NSDAP	Nationalsozialistische Deutsche Arbeiterpartei
NS-Zeit	Zeit des Nationalsozialismus (1933-1945)
RGBl	Reichsgesetzblatt
RLB	Reichsluftschutzbund
S.	Seite
SA	Sturmabteilung (paramilitärische Kampforganisation der NSDAP)
SS	Schutzstaffel der NSDAP
u. a.	unter anderem
vgl.	vergleiche

DER VERFASSER

Matthias Blazek
Heimatkundler.
Veröffentlichungen:

Dörfer im Schatten der Müggenburg, 1997.
L'Histoire des Sapeurs-Pompiers de Fontainebleau, 1999.
Ahnsbeck, 2003.
Dorfgeschichte Wiedenrode, 2004.
Die Geschichte der Bezirksregierung Hannover im
Spiegel der Verwaltungsreformen, 2004.
Dorfchronik Nienhof, 2005.
Schillerslage, 2005.
75 Jahre Ortsfeuerwehr Wienhausen, 2005.
Hexenprozesse – Galgenberge – Hinrichtungen – Kriminaljustiz im Fürstentum Lüneburg und im Königreich Hannover, 2006.
Das niedersächsische Bandkompendium 1963-2003, 2006.
Das Löschwesen im Bereich des ehemaligen Fürstentums Lüneburg von den Anfängen bis 1900, 2006.
Das Kurfürstentum Hannover und die Jahre der Fremdherrschaft 1803-1813, 2007.
75 Jahre Niedersächsische Landesfeuerwehrschule Celle 1931-2006, 2007.
Celle – Neu entdeckt, 2007.
Geschichten und Ereignisse um die Celler Neustadt, 2008.
Die Hinrichtungsstätte des Amtes Meinersen, 2008.
Haarmann und Grans – Der Fall, die Beteiligten und die Presseberichterstattung, 2009.
Carl Großmann und Friedrich Schumann – Zwei Serienmörder in den zwanziger Jahren, 2009.
Helmerkamp – Unser Dorf, 2009.
Zahlreiche weitere Aufsätze und Quellenveröffentlichungen zur niedersächsischen Landesgeschichte.

Danke:

Uwe Bargmann

Einhard Brosinsky

Frieder Götz

Michael Grumbach

Patrice Havard

Helmut Heinz

Sönke Jacobs

Andreas Linhardt

Hubert Lux

Ronald Pöthke

Hans Rösner

Daniel Ruhland

Rolf Schamberger

Ralf Schulte

Siegfried Schworm

Frank-Oliver Stantze

Bernhard Strebel

Gerd Vehres

Ortsregister	Seite	Personenregister	Seite
Ahlten	106	Johann Becker	35,73
Ahnsbeck	50f.,62	Heinrich Bolte	23
Alfeld (Leine)	20	Wilhelm Bornemann	31,73ff.
Berlin	9,15,18,27	Willi Brandes	101
Braunschweig	16f.,60,79	Carl Brunstermann	71
Bückeburg	10,53,71	Ernst Buchholz	49,54,116
Burgdorf	97,99,101	Wilhelm Busche	53
Celle	10,23,26f.	Hermann v. d. Bussche	143ff.
Dresden	90,123	Kurt Daluege	53,63,93
Eldingen	42	Rudolf Diels	67
Frankfurt a. M.	81,84	Karl Eckardt	83
Gelsenkirchen	80	Adolf Ecker	18
Großburgwedel	106	Wilhelm Ehlert	73
Großmoor	49	Wilhelm Frick	20,67,90,93
Hänigsen	101,103,106	Oskar Funk	40,75
Hamburg	106f.	Carl Freundel	30,32,35
Hannover	10,24,27,30	Hermann Gebbers	71
Helmerkamp	46	Joseph Goebbels	18,50,67
Hermannsburg	36,51	Walter Goldbach	54,111f.
Heyrothsberge	34,55,56,66	Hermann Göring	18,50,67
Isernhagen	106	Franz Gürtner	11
Itzehoe	10,111	Karl Harting	71
Jena	21	Wilhelm Herbold	73
Kellinghusen	10,111	Heinrich Himmler	48,50,63
Lachendorf	50	Paul von Hindenburg	12,15,35
Lehrte	106	Adolf Hitler	11,15,23,35
Lüdersfeld	99	Christian Kerstiens	82
Meerbeck	72,102	Fritz Lehmann	16f.
Mönchengladbach	97	Adolf Lochmann	53
München	21,112	Marinus van der Lubbe	67ff.
Niedernwöhren	72	Karl Möller	73
Nienhagen	37,49	Rudolf Müller	71,94
Nienstädt	53,72	Karl August Nerger	80,83
Obershagen	99	Wilhelm Nickels	37
Peine	30	Heinrich Reinecke	105
Pinneberg	111	Fritz Rintelmann	53
Recklinghausen	21	Hans Rumpf	105ff.
Rheine	103	Walter Schnell	23,32,34,37
Rinteln	10,40,73ff.	Georg Schwedt	74,105
Rodenberg	31,35,73ff.	August Twele	37
Wiedensahl	23,37f.	Friedrich Windhorst	46
Wienhausen	33	Wilhelm Wulf	43

Matthias Blazek

Von der Landdrostey zur Bezirksregierung

Die Geschichte der Bezirksregierung Hannover im Spiegel der Verwaltungsreformen

ibidem

Matthias Blazek:
Von der Landdrostey zur Bezirksregierung – Die Geschichte der Bezirksregierung Hannover im Spiegel der Verwaltungsreformen

Sie bestanden etwas über 180 Jahre: die niedersächsischen Bezirksregierungen. Zum 31. Dezember 2004 wurde das Ende der traditionellen Mittelbehörde besiegelt. Erstmals liegt nunmehr ein ausführliches Werk zur Geschichte der Bezirksregierung Hannover vor.

Matthias Blazek, geboren 1966 in Celle, Abitur 1987 an der Lutherschule Hannover, Studium an der Fachhochschule für Allgemeine Verwaltung in Hildesheim, verheiratet, drei Kinder, Publizist, Verfasser zahlreicher Dorf- und Verbandschroniken und Autor des „Sachsenspiegels" der Celleschen Zeitung, hat sich in mühevoller Archivarbeit einem Thema gewidmet, das nunmehr auf 100 Seiten abgedruckt ist und einen interessanten wie fundierten Einblick in die Geschichte der Behörde und der Landeshauptstadt selbst gewährt.

Alles in allem liegt hier ein Nachschlagewerk für Verwaltungsmitarbeiter und Heimatkundler vor.

ISBN: 3-89821-357-9

ibidem, Stuttgart 2004, 102 S., 14,90 €

Matthias Blazek:
Die Hinrichtungsstätte des Amtes Meinersen

Inwieweit die in alten Karten eingezeichneten „Gerichte" auch zwingend Richtstätten waren, auf denen „arme Sünder" vom Leben zum Tod befördert wurden, ist nicht immer mit Bestimmtheit zu sagen, da die Quellenlage in Bezug auf die Kriminalgerichtsbarkeit in den Ämtern allgemein recht spärlich ist.

In Bezug auf Ohof ist die Aktenlage eindeutig. Diese Hinrichtungsstätte stellt in den Lüneburgischen Landen einen Sonderfall dar. Hier, an der Grenze Meinersens gegen Peine, war die Hinrichtungspraxis enorm. Bis zum Jahre 1829 wurden dort vermutlich fast 70 Kriminelle ins Jenseits befördert.

Matthias Blazek hat sich in mühevoller Archivarbeit einem Thema gewidmet, das nunmehr auf 150 Seiten abgedruckt ist und einen interessanten wie fundierten Einblick in diesen Abschnitt der niedersächsischen Landesgeschichte gewährt. Ein Register hilft dem Leser bei der Suche nach Angaben aus den 46 Dörfern des Amtes Meinersen. Auch das Amtsgericht Meinersen (1852-1959) ist ausführlich beschrieben.

ISB N: 978-3-89821-957-0

ibidem, Stuttgart 2008, 152 S., 19,90 €

ibidem-Verlag

Melchiorstr. 15

D-70439 Stuttgart

info@ibidem-verlag.de

www.ibidem-verlag.de
www.ibidem.eu
www.edition-noema.de
www.autorenbetreuung.de